成功事例集 プレゼント（毎月限定100名様）

当書籍『本当に儲かる スーパーブランディング　自然と顧客が増える「シズル開発法」』をお読みいただきました方限定で、書籍内で紹介をしております企業の成功事例集をプレゼントいたします。具体企業名をあげて経営者のインタビュー形式でお届け致します。実際の経営者の声を聞いていただくことでより一層理解を深めて頂けます。

成功事例集をご希望の方は、下記の申し込み欄に必要事項をご記入の上、FAXにてお申込みください。またその際は、以下のアンケートにご協力をいただけますと幸いです。

■ **当書籍は、どちらでお知りになりましたか？**（□にチェック☑して下さい。※複数選択可）
□書店　□新聞広告　□Amazon　□ネット検索　□人からの勧めで　□その他（　　　　）

■ **書籍をお読み頂きましたご感想をお聞かせください。**
（例えば、気づかれた事、学べた事、今後取り組んでみたい事などご自由にご記入ください。）

本当に儲かるスーパーブランディング

自然と顧客が増える「シズル開発法」

村松勝・吉田隆太 著

セルバ出版

まえがき

本書は、「会社や事業、商品・サービスをブランディングする手法」について記した専門書です。最大の特徴は、中小企業で活躍する経営者に向けて、新規客を増やして売上に結びつけるためのブランディングについて記述している点です。

ひとくちに中小企業といっても、あらゆる業種がありますが、新規客をどんどん増やして、力強く成長発展していきたいと考える企業であれば、どの業種でも応用可能な内容です。

私どもが、これまで10年以上、３００社を超える企業を指導してきた実践経験をもとに記述しています。

最近は、中小企業でも会社や事業そのものをもっと魅力的に表現していきたい、または、商品やサービスを今以上に訴求力のあるものにしていきたいという思いで、ブランディングに取り組まれる企業が増えてきました。

予算が限られる中小企業が、そのようなブランディングに取り組む際には、単に会社や、商品・サービスをきれいにデザインしただけで満足する経営者は少数派でしょう。やはり、多くの経営者は、力強く売上アップに結びついていくことを願っているものです。

しかし、実際には、せっかくお金をかけてブランディングに取り組んでも、なかなか成果に結びつかないと言って、相談にいらっしゃる経営者が後を絶ちません。

理由は、ブランディングを売上に結びつけていくために何をすべきかについて、経営者自身が正しい理解をしていないからです。決裁権のある経営者が正しい理解をしていないと、現場の社員や外部からの提案の良し悪しを見極めることはできません。

また、本書を手に取った方のなかには、ブランディングについて、馴染みがなく、よくわからないという経営者も多いと思います。これからブランディングに着手しようと考えている経営者もいらっしゃると思います。そのような方にとっての、ブランディングの基本や、実際に投資する前に絶対に外せない重要ポイントについても触れていますので、大いに参考になると思います。

前述の通り、本書は、成長意欲の高い中小企業の経営者のためのブランディング実践書として記述しています。したがって、ブランディングの専門家や、経営指導をされている方にとっては、少しやさしい内容と思われるかもしれませんが、ブランディングを中小企業経営者に啓蒙していく際の視点として、少しでも参考になりましたら幸いです。

本書を通じて、売上に結びつけるためのブランディングがどういうものか正しく理解され、そして実践されて、より多くの中小企業が元気になっていくことを切に願います。

２０１９年４月

村松　勝
吉田　隆太

本当に儲かるスーパーブランディング　自然と顧客が増える「シズル開発法」目次

まえがき

序章　まじめな中小企業こそ「スーパーブランディング」でがっちり売上アップ！

あなたの会社を力強く発展させる！　18
社長が欲しいのは、ブランディングを通じた売上・利益　18
なぜ、美しい女性を見ると振り返るのか？　20
会社の「顔」は、ダサいと思われていないか？　22
すべてのツールに「シズル」を与えよ！　25
「スーパーブランディング」で攻めの経営を！　27
あなたの会社は、大口顧客のみに頼っていないか？　30
あなたの会社は、「ゆでがえる」になっていないか？　31

第1章　本当に儲かるブランドをつくっていくための具体戦略

1　一発屋で終わらせないブランドづくりの基本　34
「想い」と「戦略」を積み上げる　34
勉強会で得られないもの　36
市場に向き合うための「原理原則」がある　38
単品商品ではなくて、「商品群」で攻める！　40
いつまで経っても、事業が伸びない最大の理由　41
2　中小企業ならではのターゲット設定のポイント　42
「想い」からターゲットを考える　42
中小企業がターゲット設定で失敗する理由　46
会社の戦略が定まらない原因　48
3　競合がいないオンリーワン市場のつくり方　50
ほとんどの社長が見落としている「購買決定要因」　50

ブランディングの成否を分かつポイント　54
老舗企業に学ぶポジショニング設定　56
大手企業に対抗する基本戦略　57
生き残るために必死に考える　59
10年経過してもシズルが効く！　60
ブランディングを単なるデザイン作業で終わらせない　61

4　ターゲットの心に突き刺さる「ブランディングツール」　62
新規客からの問い合わせを激増させる方法　62
営業マンに頼らずに「新規客」を呼び込む　64
シズルの勝負ポイント「ネーミング」と「タグライン」　66
やってはいけないネーミング　67
どう伝えるかの前に、何を伝えるかを決める　69
ブランディングツールを活かす重要ポイント　71

5　自社商品・サービスの価値を高めるプロモーション手法　73
自社ブランドをどうやって広めていくか　73

「らしさ」を追求した売り方とは　75
成功するプロジェクトの最重要ポイント　77
5倍以上の集客をもたらすプロモーション　79

第2章　間違いだらけのブランディング「12のチェックポイント」

1　ブランディングができている会社、できていない会社　82
あなたの会社をチェックしよう　82
2　なぜ、あの会社は、新規客をどんどん開拓していくのか？　84
営業マンを助けるブランディングツール　86
3　売れなくて困っているときに、考えるべきこと　89
社長がはまるマーケティングの罠　91
4　あなたの会社は、「同質化」していないか　93

ポジショニングは、3つの視点で考える　95
5　情報こそが最強の経営資源　96
競争優位性のつくり方　98
当てはまるチェック項目は改善していこう　100

第3章　あなたの会社に新規客を連れてくる「ブランド」と「シズル」の理解

1　ブランドの意味合いをしっかりと理解する　102
正しい理解のうえに正しい実践がある　102
ブランドは、あなたの会社に関係ない？　103
ブランドの本当の意味とは　104
ブランディングは「社員のため」という誤解　106
マーケティングとブランディングの違いとは　108
競合に先んじられるリスク　110

2　「シズル」を生み出すために欠かせない、２つの重要ポイント　112
「シズル」の意味とは　112
ブランドの定義から見えること　113
ブランドになるかなれないかを分かつ、２つの重要ポイント　114
「言葉」と「ビジュアル」には優先順位がある　116
「シズル理解マップ」の４つの分類について　117

3　使ってもらえればわかる、食べてもらえればわかると嘆く企業　118
存在感のない商品・サービス（Ｓ：ＳＯＮＺＡＩＫＡＮＮＯＮＡＩ）　118
存在感のない商品・サービスがあふれる日本　120
文化の違いからくる日本の企業がダメな理由　122
採用された飲料メーカーの商品　124

4　コトバばかりに頼ってはブランドになれない　125
残念な商品・サービス（Ｚ：ＺＡＮＮＥＮＮＡ）　125
まずは、ネーミングから考えよう！　128

サービスにもネーミングを付けよう！　129
ネーミングで躍進した商品　130
コピーライターに安易に頼るな！　131
「言葉」だけではブランドになれない　133

5　中身のない、ただカッコいいだけのデザインでは、売れない　134
ルックスだけの商品・サービス（L：LOOKSDAKENO）　134
まずは戦略からスタートすることを忘れずに　136
見た目の良さや統一感をコントロールする　137
意外と知らないロゴマークの重要性　138
時代に合わせて変化させるべきものとは　139

6　魅力的なブランドは、必ず「言葉」と「ビジュアル」が揃っている　140
カテゴリーキラーとなる商品・サービス（K：CATEGORYKILLERTONARU）　140
カテゴリーキラーに付けられる「言葉」　143
「言葉」と「ビジュアル」を制するものが勝つ　145

第4章　売上をぐんぐん上げる、ブランディングツールの活用法

1　法人営業でも使えるブランディングツール　148
「会社案内パンフレット」制作の5つのポイント　148
あなたが営業に行くと、お客様ががっかりする理由　150
会社の「強み」の見つけ方　151
ぜひ、話を聞かせてください、と言われる会社になる　152
業界に不慣れな新人営業マンが、どんどん仕事を取ってくる！　153
名刺にも「シズル」を効かせると、商談が一気に前に進む！　155
2　ホームページを「自動集客」装置に変える　157
あなたのホームページに、新規客が訪問しない理由　157
あなたの会社のことは、誰も知らない　159
競合他社に埋もれないホームページづくりの重要ポイント　161
大手企業から直接、受注する方法　163

ランディングページ1枚でも爆発的ヒットにつながる！　165
3　一般消費者の心をつかむコツ　167
パッケージデザインの成功の条件　167
POPで大きく売上を上げる！　169
小売店のバイヤーを説得する、プレゼンテーション資料づくりのポイント　171
既存商品のリブランディングで売上を上げる！　172
看板デザインで、新規客が8倍に増える！　173
店舗ビジネスに効くパンフレットの活用で、年商3倍増に！　175
4　売上を拡大させる「プロモーション」がブランドを失墜させる　177
目先の売上に目がくらむ、残念なプロモーション　177
著名なブランドがなぜ、没落していくのか？　179
中小企業のメリットを活かせる「時間の戦略」　181
5　法人の新規開拓に欠かせない「展示会」とブランディング　183

展示会ブースにシズルを！　183
会場に人がいなくても、見込客が殺到する！　展示会ブースづくりのポイント　185

第5章　スーパーブランディングで会社を大きく発展させる

1　商品単品から商品群へ発展させる　188
カテゴリーキラーからカテゴリーブランドへ　188
会社名にまで発展させたカテゴリーキラー　190
2　ブランディングを通じて組織を変える　191
組織づくりへの影響　191
働きたくなる会社か　192
働きたくなる場所か　193
想いだけではビジョンは成し遂げることができない　194
経営トップは戦い方を示せ！　195
戦略的な束ねとは　196

組織にもある「慣性の法則」　197
戦略方針書によって業界随一の企業ブランドとなる　198

3　受託（下請け）会社に未来はあるのか？　199
受託ビジネス脱却の是非　199
御社のチーズはどこへ消えたか？　200
下請けビジネスを突き詰めろ！　201
自社ブランド商品の開発は余力で行え！　202
会社も売り込もう！　203
マーケティング視点を養え！　204

4　ニッチな会社でもスーパーブランディングで成功できる！　205
厳しい業界でも、着実に売上を伸ばす会社がある　205
会社の未来を力強く宣言する！　206
初めての自社商品が、世界的に売れるヒット商品に！　207
下請け脱却の自社商品に予約が殺到！　208

あなたの会社の「ＰＤＣＡ」が回らない真の原因とは　209
戦略づくりのレベルアップをする方法　210

あとがき

序章　まじめな中小企業こそ「スーパーブランディング」でがっちり売上アップ！

あなたの会社を力強く発展させる！

社長が欲しいのは、ブランディングを通じた売上・利益

こんにちは。ミスターマーケティングの村松です。

本書は、「会社や事業、商品・サービスをブランディングする手法」について記した専門書です。世の中のブランディングの本を読むと、さまざまな視点からブランディングについて語られています。本書では、ブランディングを、会社や事業、商品・サービスを魅力的にアピールしていくための表現の領域に絞ってお話いたします。

最近、中小企業の社長から、ブランディングに関するさまざまな相談が増えてきています。

「思い切って自社商品の開発に挑戦したが、まったく売れない。このまま諦めるわけにはいかないので、ブランディングの指導をしてほしい」

「ネット通販で、３年で10億円の市場をつくってきたが、競合が増えて急速に売上が下がってきている。なんとかブランディングを見直して、巻き返していきたい」

「新サービスをいくつも打ち出しているが、なかなかうまくいかない。うちの会社はブランディングが大きな課題だと感じている」

「商品の価格競争が止まらない。うちの主力商品をなんとかブランディングして、売上につなげ

ることができないか」

「これまでは私の感覚でビジネスを成功させてきた。しかし、これからは社内を巻き込んで、次の事業の柱をつくりたいので、新規事業創出に合わせてブランディングを指導してほしい」

「父の会社を引き継ぐにあたって、自社商品のブランディングができるようになりたい。具体的な案件を通じてやり方を教えてほしい」

「お店を多店舗展開しているが、かなり古い印象になってきている。新規客を増やすためにブランディングに協力してほしい」

「販路開拓は営業マンに任せているが、なかなか人が育たず成果につながらない。ホームページをブランディングして、うまく集客できる仕組みをつくりたい」

「長く商売をしているが、最近は大手企業に多くの顧客を奪われて経営が厳しい。個人店ならではのブランディングで、なんとか事業を安定させたい」

「うちは規模は小さいが、商社としてプライドを持って商品を提供している。会社そのものをブランディングして、良い人材を確保したい」

当社のホームページや、毎月開催している経営者セミナーなどを通じて、このようなブランディングに関する相談を受けてきました。

本書は、このようなブランディング課題をお持ちで、しっかりと売上を上げたい、利益を上げたいと切望している、中小企業の社長のために書きました。

なぜ、美しい女性を見ると振り返るのか？

ところであなたは、インターネットや店頭で商品をパッと見て買いたくなったり、問い合わせをしてみようという気持ちになったりしたことはありませんか？

あまり深く考えずに、なんとなく気になり、思わず行動してしまう。

それが一般的な人の行動心理です。商品やサービスだけではなく、人も同じです。魅力的に見える人には、惹きつけられます。

もし、本書を読んでいるあなたが男性だとすれば、目の前を美しい女性が通り過ぎたときに思わず振り返ってしまったり、学生の頃、同じクラスにタイプの女性がいて恋をしてしまったり、という経験をお持ちではないでしょうか。

人は、自分にとって魅力的だと感じるものに無意識に反応し、惹きつけられます。それと同じように魅力的な商品・サービスにも、人は惹きつけられます。

もし、あなたの会社や商品・サービスが、お客様をグイグイと惹きつけ、お客様が思わず問い合わせをしたくなったり、購入したりする、そんなブランドになったらよいと思いませんか？

では一体どのようにして、そのようなブランドになることができるのでしょうか。

それが、本書で当社がお伝えしたい「シズル開発法」です。

シズルとは、ステーキなどがおいしそうにジュージューと音を立てている様子を指しますが、広告業界でのシズルの意味合いはもう少し広く、お客様の買いたい、欲しいという気持ちをかきたてることです。

本書は、どうしたらそのようにお客様の気持ちをかきたてることができて、実際に売上につなげられるのか、という点について、その本質に迫る考え方や方法を、具体事例を交えて丁寧にお伝えします。

また、一般的なデザイン・広告関連のブランディング本などと違い、成長発展を願う中小企業の売上アップに特化して、経営者が理解すべき重要なポイントについて書いています。

私の仕事は、カテゴリーキラーづくりの専門コンサルタントとして、競合他社を圧倒する差別化された強い商品・サービス・事業を生み出すお手伝いをすることです。これまで10年以上にわたり、３００社を超える企業とお付き合いをしてきました。

企業規模が、年商数千万円から50億円ぐらいまでの中小企業に対して、いかにしてカテゴリーキラーを生み出していくかについて、日々コンサルティング活動を行っています。

コンサルティングの成果としては、概ね２～３年ほどで、２億円～10億円ほどの新しい売上を生み出しています。

このような仕事をしている私が、このたびブランディングに関する本を書いたのには、大きな理由があります。

それは、９割以上の中小企業が、会社や自社の商品・サービスを魅力的にアピールできていないからです。

会社の「顔」は、ダサいと思われていないか？

世の中は、シズルが感じられない商品やサービスであふれています。それらは、お客様に、買いたい、欲しいという気持ちになってもらうことができていません。

こう言われて、納得する経営者も多いと思いますが、まだそれはよいほうです。

中には、会社や自社の商品・サービスをうまくアピールできていないということに気づいていない、もしくはその必要性をまったく感じていない経営者もたくさんいらっしゃいます。

例えば、お客様に会社をアピールするホームページです。

当たり前のことですが、すごく大切です。

もし、あなたがどこか新規の会社との取引を考えるときには、必ずその会社のホームページを見るでしょう。今の時代、新規の会社との取引を判断する際に、ホームページを見ないという方は、いないと思います。つまり、あなたの会社のホームページは、新しいお客様に対して、会社の顔になっているのです。

今の時代、ほとんどの会社がホームページは持っています。そこまではよいのですが、その会社の顔となるホームページが、新しいお客様に、しっかりとシズルを与えているか？　そこがとても大切です。

もし、ホームページにシズルがないとすれば、せっかく訪れた新しいお客様も、素通りしてしまいます。冒頭で、目の前を美しい女性が通り過ぎたらという例え話をしましたが、新しいお客様には、そのぐらいの印象を与える必要があるのです。

「いや、うちは営業主導でやっているから、ホームページはまあ最低限の情報があればいいんだ」

こう思っている社長、その考えは、かなり残念です。

お客様は、あなたの会社に興味を持てばホームページを見ます。最低限でつくったホームページだと、それはどこにでもある会社という烙印を押されます。

そして、最低限のホームページがあればよい、という考え方も問題ですが、さらには、シズルどころか、古くさい印象や、伝えたいことが散漫なホームページだとすると、ホームページの存在自体が逆効果です。

「この会社、大丈夫？　やる気あるの？」

と疑われてしまいかねません。

なぜなら、やる気満々で、しっかりとブランディングを意識している競合のホームページと比較されているからです。

そのようなブランディングの意識が低い会社は、決まって人の採用で苦労しています。これも、同じ理由です。ホームページが会社の顔だとするならば、働こうとする人も、良い印象、良い顔をしている会社で働きたいと思うのです。

例えば、転職した人が友人に転職先の会社のことを説明するとき、会社のホームページを紹介したとします。そこで、友人に「ダサい会社だね～」「ちょっと、この会社大丈夫？」などとネガティブな印象を与えるよりは、「素敵な会社だね」と思われる会社に入社したいものです。そういう時代なのです。稼げればよいという時代はとっくに過ぎています。社員も顔が良い会社で働きたいのです。

ホームページに関して、ブランディングの役割が大きいことはご理解いただいたと思いますが、こういう話をすると、

「うちは、数年前にホームページをブランディングしました」

と自信満々な社長がいらっしゃいます。しかし、そのホームページを見ると、確かにきれいに仕上がっているものの、シズルが感じられないというケースをよく見かけます。

あと一歩足りないのです。シズルが感じられないブランディングとは、簡単に言えば、デザインがきれいになっているだけで、中小企業でありながらも、ただ単に大企業のような印象に仕上がっているものです。

つまり、ブランディングしたというホームページの会社名を、他の会社の名前に変えてしまっても、成立してしまいそうなホームページなのです。それをブランディングと言うのは間違えではないのですが、やはり、買いたい、欲しいと思ってもらえるようなシズルがありません。

シズルがないということは、どこにでもあるただ単にきれいなホームページとなるわけですから、当然、問い合わせは増えません。社員を募集しても同じ理由で、たいした効果は出ません。

シズル感のあるブランディングとは、その会社らしさを最大に引き出すということでもあります。

すべてのツールに「シズル」を与えよ！

会社の顔としてのホームページについて記述しましたが、これはパンフレットや、また商品であれば、ネーミングやパッケージデザイン、店頭に至っては、ＰＯＰやディスプレイ、お店ですと看板など、お客様が接触するツールすべてについて言えることです。

シズル感のあるブランディングができていれば、これらすべてのツールは、活かされます。

逆に言えば、シズル感のないブランディングは、せっかく苦労してつくったツールなのに効果を発揮しきれないということです。

これは、目に見えにくい大きな機会損失です。

特に、まじめに一生懸命に頑張っている中小企業の社長に、ブランディングの大切さに気づいてほしいと思います。

そのような中小企業の多くが、良い商品やサービスを提供しながらも、ブランディングで失敗しているケースを見てきました。

シズルがないために、何をやっても新規のお客様が広がっていかない、そういう会社が本当に多くあります。

ところで、私は独立する前、大手広告代理店でダイレクトマーケティングという分野の仕事をしていました。大企業の商品・サービスの売上を上げるお手伝いです。

10年以上にわたって、大企業のお手伝いをしていましたが、あるきっかけで中小企業を専門に応援しようと思い独立しました。

そのきっかけの1つが、「想い」です。

中小企業の社長の「想い」に応えていく、そういう仕事をしようと決意して独立しました。その気持ちは今も変わっていません。

世の中や業界をよくしようと日々努力している社長の「想い」に触れると、応援せずにはいられません。

その「想い」のこもった良い商品・サービスは、しっかりと手順を踏んで、シズル感のあるブランディングをしていけば、会社の成長を支える売上を生み出せるようになります。

仮にこれまで売れなかった商品・サービスも、それが人の役に立つものであれば、売れるようになるはずです。

これまで、ブランディングで成功体験をしたことがない方にとっては、耳を疑うような話ですが、私は10年以上にわたって、そういう経験をたくさんしてきました。

自社の商品・サービスがしっかり売れていくことで会社は良い方向に変わっていきます。ですから、「想い」を込めて取り組んでいる挑戦を諦めないでほしいと思います。

本書のタイトルにある「スーパーブランディング」とは、普通のブランディングで終わらずに、シズル感のあるブランディングで、しっかりと商品・サービスの売上を上げて、会社が次のステージに向けて、力強く発展していくことを目的としていることを、タイトル表現したものです。

「スーパーブランディング」で攻めの経営を！

会社が倒産する大きな理由をご存じでしょうか？

それはとても単純なことで、自社の商品・サービスが売れなくなるからです。

なぜ、商品やサービスが売れなくなるのか？

それは、顧客がいなくなってしまうからです。

ではなぜ、顧客がいなくなってしまうのか？

それは売上を支えてくれた既存顧客が減少し、また、それを上回る新規客が獲得できないからです。

新しく事業を始めた場合、基本的には立ち上げた当初、既存の顧客はいませんから、できるだけ早い段階で新規客を獲得していかなければなりません。

また、多くの社長が、ご自身の営業経験から部下に顧客獲得の指導ができたとしても、ブランディングで新規客の獲得と言われると、イメージがつきにくいかもしれません。

しかし実際に、ブランディングで新規客を獲得し、力強く成長している会社は存在します。

本書でお伝えするブランディングは、シズル感のある魅力的な表現で、主に新規客を獲得していくことに主眼を置いていますが、それは、どこかでたまたま知った企業の成功例を言っているのではありません。

これまで私が、10年以上、３００社を超える企業を指導した経験で、再現性を持って実現できる具体的な手法が存在するということをお伝えしたいのです。

それが、「シズル開発法」です。

「シズル開発法」を使うと、次のようなことが可能になります。

●受託中心の製造業を脱却したいので、シズルを意識した自社商品開発に取り組んだ。今では、予約が殺到する商品が完成し、メディアにも多数出演。年商も1・3倍になった。(金型製造)

●年に数件しかなかったホームページからの問い合わせが、手順を追ってブランディングしたところ、毎月10件以上来るようになった。(化学品製造)

●売れなかった商品をブランディングしたところ、シズル感のある商品に生まれ変わり、売上が前年比で、数十倍になっただけでなく、年商も2倍まで伸びた。(健康食品製造)

●いつもの展示会は、ブースの前を人が素通りしてしまうものだったが、シズル感のあるブースに変えたところ、しっかりと集客ができて、売上をつくれるようになった。(機械商社)

●これまでと同じ営業マンが、シズル感のあるプレゼンテーション資料をつくり、顧客に説明したところ、なかなか受注できなかった仕事を取ってくるようになった。(金属加工)

●営業マンの名刺を、シズル感を意識してつくり替えたところ、これまで何度足を運んでも商談につながらなかった大口顧客から仕事の話が来て驚いた。(食品製造)

●価格競争に巻き込まれていた商品が、ブランディングした直後から売れ出した。価格を上げたにもかかわらずヒット商品になり、新聞の第一面に大きく取り上げられた。(家電製造)

●商品に見向きもしてくれなかったバイヤーが、ブランディング後は、話を聞いてくれるようになり、続々と新規開拓が成功した。初年度から億単位の売上につながった。（雑貨製造）
●廃業を考えていた個人店舗をブランディングしたところ、シズル効果でどんどん人が集まるようになり、新規客は8倍、年商は3倍になった。（個人クリニック）
●複数ある店舗のうち一店舗をブランディングしたら、売上が1・5倍になり、効果を感じて新業態の店舗を開発したところ、成功店が続出している。（整体院等店舗）

など、すべて実話です。

シズルが効いたブランディングの効果は、挙げれば切りがありません。そして、シズル開発法の再現性を確信し、そのコツをつかんだ会社は、次々と売れる新商品や新サービスを打ち出して、力強く自社独自の新しい市場を拡大しています。

繰り返しになりますが、「シズル」とは、お客様の買いたい、欲しいという気持ちをかきたてることです。お客様の買いたい、欲しいという気持ちをかきたてることができなければ、どんなに中身の良い商品・サービスであっても、購入するまでには至りません。よって、売上も上がりません。

このことは、前述した業種・業態からも見てとれるように、ＢｔｏＢ（Ｂｕｓｉｎｅｓｓ ｔｏ Ｂｕｓｉｎｅｓｓ：企業間取引）ビジネス、ＢｔｏＣ（Ｂｕｓｉｎｅｓｓ ｔｏ Ｃｏｎｓｕｍｅｒ：企業対消費者取引）ビジネスを行っている企業の業種・業態に関係なく、お客様の買いたい、欲しいという気持ちをかきたてることができるかどうかが、重要なことなのです。

あなたの会社は、大口顧客のみに頼っていないか？

もしもあなたの会社が、既存顧客のみに頼ってしまい、新規客が増えていかないとすれば、成長は鈍化するばかりでなく、大きな倒産リスクとなってしまいます。

現代は、競合企業がいないという業界はほとんどありません。当然、競合企業は自社が抱える顧客を奪おうと、あの手この手で仕掛けてきます。

しかし、法人取引を主なビジネスにしている会社においては、お得意様企業と、長年の信頼関係ができているからと安心している会社も多いものです。

長年かけて関係をつくった担当者が退社してしまったり、市場状況が変わり利益が確保できなくなったお得意様企業が、仕入価格や取引先を見直さなければならなかったりして、苦境に追い込まれた会社を見てきました。

前触れがなく、突然大口顧客を失ってしまうようなケースは最悪です。

焦る社長は、あらゆる手を打とうとしますが、現場は今までの体質に慣れきっているため、新しい取り組みに対して、思うように動いてくれません。あっという間に会社の現預金は底を突きます。するとと今度は、社長が金策に時間を取られ、新規客を開拓するという前向きな対策をする余裕がなくなってしまいます。そうこうしているうちに、営業マンは仕事がないうえに、新規開拓のプレッシャーに絶えられず逃げ出してしまう始末です。まさに、大口顧客のみに頼る体質がもたらす悲劇です。

あなたの会社は、「ゆでがえる」になっていないか？

このように、突然の大口顧客の失注は、目の覚めるような出来事ですから、当然、社長もあわてて対策をします。

しかし一方で、徐々に既存のお客様が減っていき、黒字から赤字に転落し、年々厳しくなっていくようなケースも耳にします。

このような会社は、来月倒産するということはないですから、突然の大口顧客の失注と比較すると、社長も現場も危機意識が薄いのが特徴です。

まさに「ゆでがえる」状態です。

そのうち赤字体質にも慣れきってしまい、毎年赤字が当たり前になります。

しかし既存顧客が減少していくなかで、新しい売上を生み出さなければ、確実に倒産に近づいていきます。

こうなったら本当に危ないです。

この仕事をしていると、残念ながら本当にそういったつらい状況に追い込まれた会社の話を見聞きすることがあります。

中小企業の社長の多くは、現場に出て額に汗を流して一生懸命に働いています。一年中休みもろくにない、という社長も多いでしょう。そういったまじめに働いている多くの社長に、そのような思いをしてほしくないと思います。

そのためには、今ご自身が元気なうちに、会社に少しでも余裕があるうちに、既存の顧客を守りつつも、新規客の開拓や、新商品・新サービスを生み出すなど、新しい売上づくりに挑戦してほしいと思います。

そして、その新しい売上づくりの挑戦には、常に、買ってほしいお客様のハートをがっちりとつかむ、シズルが効いたブランディング、つまりスーパーブランディングが不可欠です。

本書では、具体的な事例をもとに、シズル開発の重要ポイントについて詳しく解説していきます。

「シズル開発法」は、業種業界を超えて活用できる考え方です。

本書で紹介する事例は、より多くの中小企業でご活躍の方々にご理解いただくために、わかりやすい事例を取り上げています。

事例は、あなたの業界と異なるかもしれませんが、本質的な考え方はどの業種も同じです。

私が、これまで10年以上にわたり、３００社以上を指導している、その重要なポイントをお伝えしています。

あなたが、もし中小企業の社長であれば、ご自身の経営に照らし合わせて、不足しているポイントを認識したり、それをどうやって克服していくべきかを考えたりしながら、読み進めてみてください。

ブランディングに課題を感じているようでしたら、きっと、そのヒントが見つかるはずです。

それでは、さっそく具体的な事例にもとづいて、お伝えしてまいりましょう。

第1章　本当に儲かるブランドをつくっていくための具体戦略

1　一発屋で終わらせないブランドづくりの基本

「想い」と「戦略」を積み上げる

前著『儲かる10億円ヒット商品をつくる！　カテゴリーキラー戦略（セルバ出版）』では、多くの事例を交えながら、カテゴリーキラーづくりに関してお伝えしました。

そのなかでも、「想い」については、戦略づくりと同様に重要な要素であると繰り返してお伝えしてきました。せっかく良い戦略があっても実行するのは人ですから、「想い」が入っていない商品・サービス、事業は長続きしません。

まれに、事業を何度も替えてしまい、いずれも長続きしない社長を見ますが、そういう場合は、「想い」と「戦略」のどちらかが定まっていないと考えられます。理想は、強い「想い」を軸に、その「想い」を実現させるための「戦略」を描くことです。

中小企業の場合は、大企業と比較すると投資できる資金が少ないですから、コツコツと積み上げて、年数をかければかけるほど、競争優位性を築く戦略を描く必要があります。その積み上げができないまま、ころころと事業を切り換えてしまうようでは、せっかく投資したお金や時間を無駄にしてしまうことになります。とはいえ、しっかりと「想い」を定めるといっても、そう簡単ではなく、いろいろな迷いがあるなかで、多くの社長が経営をされています。

「想い」と「戦略」の両方をしっかりと描いて経営していくことは、確かに難しいと思います。しかし、長期にわたって業績を伸ばせる会社は、この両方をしっかりと現場に落とし込んで事業をされています。

前著でご紹介した多数の事例のなかに、その後も強い「想い」を持ち続け、組織が一丸となって「戦略」を実行し続けている、今回の「スーパーブランディング」の題材にふさわしい会社があるのでご紹介します。

それは、建材を扱うT社です。T社は、東京都内で創業70年以上続く、老舗の建材メーカーです。ある外装用の建材を中心に展開しており、全国へ商品を供給しています。

T社とのご縁は、私が講演を行った朝の経営者セミナーにご参加いただいたことで、お声をかけていただきました。T社の社長は3代目で、とても爽やかで、おしゃれな印象の50代の男性です。いつお会いしても、にこにこと笑顔で、気さくに親しく話しかけてくれる方です。

最初にお会いしたときに、

「先生、うちは経営陣がドラッカーを勉強しているのですが、いくらドラッカーを勉強していても、どうやってお客様を魅了するような魅力的な商品を生み出して、市場を攻略していくかということは学べません。ですので、ぜひ、その点を指導してもらえないでしょうか」

こうおっしゃって、どのように自社ブランドを生み出し、市場に浸透させていくかというテーマで、当社に指導の依頼をいただきました。

勉強会で得られないもの

世の中には、経営者向けの勉強会は、かなり多く存在しています。

人気なのは、理念系の勉強会です。ここで、理念系と言っている勉強会は、経営者の心のあり方を学ぶことが中心のものです。大きな勉強会になると、全国各地に支部を持ち、1度の開催で、何千人も集まるところもあります。

会社の理念は、会社を代表する経営者の心のあり方と直結してきます。ですから、組織を束ねる経営者が、心のあり方を学ぶことは、とても重要なことだと思います。

いくら卓越した「戦略」があっても、組織がばらばらでは成長に限界があります。そのため、「戦略」を活かすためには良い「組織」が必要です。ですので、組織の中心にいる社長が、自ら心を磨くために、そういった理念系の勉強会に出ることは、とても大切なことだと思います。

しかし残念なのは、その理念系の勉強だけ熱心にやっていれば道が開ける、と勘違いされている社長がたまにいらっしゃることです。

「組織」を束ねるためには、その会社らしい理念を持って、人を束ねていくことは大切です。しかし、残念ながらそれだけでは、売上に直結する解は出てきません。

もちろん、自己を高めていくことで、良いご縁やチャンスを得ることもありますので、100％売上につながらないとは言えません。

ここで理解してほしい大切なことは、経営の重要な要素とは、社長の想いや理念をもとに、「戦略」

と「組織」の両方を高めていくことだということです。

一方で、「戦略」に関する勉強会もさまざまありますが、ここで残念なことは、座学で学んだ知識だけで「戦略」をつくると、個別の議論の詰めが甘い、実行性の低い戦略になってしまいがちだということです。

教えている先生が、セミナー講師や大学教授など、講師業専業の方であれば、どうしても座学になってしまいがちです。理由は、知識を伝えることが専門のため、個別の実践指導になるとどうしても弱くなってしまうからです。

まれに、そういう戦略系の勉強会でつくったプランを見てほしいと相談を受けることがあります。内容を見ると、戦略用語はたくさん出てきて一見しっかりとできているふうに見えるのですが、基本的なことの詰めがまったくできていないため、実現性を感じられない内容であることがあります。

例えば、攻めていくべき新規市場に対して、自社の「強み」が活かされているかどうかという重要な分析がすっぽり抜けていたり、ひどいものになると、顧客分析や競合分析にまったく意識を向けていない経営計画や戦略書を目にします。

経験上、数日の講座や勉強会でざっくりつくった戦略は、やはり、ざっくりした内容で終わってしまいます。本当に売上を上げる戦略をつくろうと思ったら、狙っていく市場のことを徹底的に調べて、そのうえで具体的な打ち手を計画していく必要があるのです。このプロセスは、ブランディングをしていくうえで、絶対に欠かせません。

市場に向き合うための「原理原則」がある

私が、日頃コンサルティングで行っている「カテゴリーキラーづくり」とは、競合他社を圧倒する差別化された強い商品・サービス・事業を生み出すお手伝いです。市場に向き合うための原理原則に当てはめて、カテゴリーキラーを生み出す指導を行っています。買いたい、欲しいと思ってもらう、シズルのあるブランディングをするには、この市場に向き合うための原理原則に従います。

その際に重要なことは、市場分析です。そして、市場分析において重要な視点は、「顧客」「競合」「自社」の3つです。これは、どの業界であっても同じです。この3つを踏まえて、自社商品・サービスを市場に適合させていきます。「顧客」「競合」「自社」は、ビジネス書やマーケティング系の本を読めば必ず出てくる、非常に基本的なことです。しかし、実際に、この3つの要素に真剣に向き合って戦略づくりをしている会社は驚くほど少ないです。

例えば、

「自社商品は、代理店に売ってもらっているので、どんなところで、どのように使用されているかわからない」

「うちの商品は通販で売っているので、お客様には会ったことがない。最近、お客様が減ってきて困っているが、どこへ流れてしまっているのだろうか」

「うちは大手企業から毎月決まった仕事を受けているので、業界全体で見たときの競合企業は、あまり意識したことがないなぁ。どうなっているのだろうか」

「当社は業界では名が通っているが、競合と比較して一番お客様に評価されている点、と言われるとわからない。どこの競合も当社と同じようなことができてしまうので」というようなことが本当にあります。そういう会社に限って、新しいことに手を出そうとしますが、それよりも現在、メインで収益が上がっている市場をよく分析して、自社にさらなるチャンスがあるかないのかをしっかり見極めるほうが先決だと思います。

この、市場分析というものは、とても地味で手間と時間がかかります。

実際にコンサルティングをしていると、新商品開発や、既存商品のリブランディング（再度ブランディングを行うこと）といったことをする際に、社長は早く進めたい！という気持ちになります。そういう焦りから、これらの分析をやる意味があるのか？とお考えになる方もいらっしゃいます。しかし、重要なことは、新商品開発を行ったり、リブランディングすることで、売上がしっかりと上がるか？ということではないでしょうか。

そのためには時間をかけて「顧客」「競合」「自社」を徹底的に分析し、その過程で、この方向だったら勝てる！　売上が上がりそうだ！　と確信に近いレベルの戦略プランをつくることが理想です。もちろん「やってみなければわからないだろう」と言われればその通りですが、原理原則にもとづいて、十分に準備ができているものとそうでないものでは、大きな差が出るということです。

さらに、しっかりとした戦略プランができていれば、仮にうまくいかなかったときにも、立ち戻って綿密に検証することができ、次の打ち手につなげることができます。

単品商品ではなくて、「商品群」で攻める！

さて、建材メーカーのT社にご相談いただいた後、どのようにプロジェクトを進めていくかを社長と一緒に検討しました。

そして、まずは全社で新商品のアイデアを募って、そのなかから有力なものをプロジェクト化していくことになりました。たくさんのアイデアが出てきましたが、着目したのは、すでに人気が出始めていた外装用の建材でした。

この外装建材は、著名な建築家の方に採用していただき、高評価をいただいていた素晴らしい商品でした。この外装建材をシリーズ展開することを前提にプロジェクトを進めていきました。

このシリーズ展開というのは、とても重要です。

前著でもお伝えしましたが、まずは単品でもよいので、市場に評価されるカテゴリーキラーを生み出します。そして、そのカテゴリーキラーのラインナップを増やしていき、商品群としてのカテゴリーブランドにしていくべきだ、ということを詳しくお伝えしました。

T社の市場は、日本の人口減に伴い、戸建て市場が年々縮小していくという大きな課題がありました。

この課題解決の1つの手段が客単価のアップです。この課題に向き合うために、外装建材の単品を1つ買ってもらって終わりではなく、外装用の建材として、シリーズで買ってもらうことで客単価を上げていくことになりました。

いつまで経っても、事業が伸びない最大の理由

せっかくカテゴリーキラーを生み出しながらも、次の展開をうまくできずに、単品の成功に終わってしまう会社もあります。それこそ、テレビや雑誌などマスメディアに多く取り上げられるようなヒット商品を生み出しながら、一発屋で終わってしまう例などを見ると残念でなりません。

また、せっかく売上の柱となる商品・サービスを持ちながら、なんとなく商売を続け、いつしか競合が増えてきて価格競争に陥ると、次は、既存事業とあまり相乗効果がない新しい商品・サービスに手を付けて、またゼロから厳しい競争を始めるということを繰り返している会社もあります。

一発屋で終わってしまったり、次々と新しいことを始める理由の1つは、単体の商品・サービスの前に、市場での自社のポジショニングをしっかりと定義できていないことにあります。

ポジショニングについては、後述しますが、このポジショニングを戦略的に生み出していくことはとても重要です。

そして、設定したポジショニングを軸に、商品・サービスをシリーズとして展開し、その分野では圧倒的な存在として、カテゴリーブランドにしていきます。

コツコツとお客様に喜ばれる商品・サービスを積み上げて、自社のポジションが強固になれば、当然、競合他社が容易に参入できない、自社独自の市場ができます。そのイメージがないと、どうしても商品・サービスの展開が散漫になってしまいます。これは、一般消費者向けの商品・サービスだけでなく、法人向けの事業についても同じことが言えます。

2　中小企業ならではのターゲット設定のポイント

「想い」からターゲットを考える

前述の通り、T社のカテゴリーブランドをつくっていく取り組みは、カテゴリーキラーになりつつあった外装建材の品揃えを充実させて、シリーズ展開していくという方向性で決まりました。

ここで、いま一度ターゲットの設定を行いました。ターゲットとは、自社商品で喜んでいただくべき、最適なお客様ということです。このピントがぼけていると、買いたい、欲しいと思ってもらえるような、シズルが効いたブランディングはできません。ここはとても重要なポイントです。

中小企業との仕事をしていると、このターゲット設定をあまり重視せずに、なんとなく多くのお客様に買ってほしいという思いだけで、企画を進めてしまう会社によく出会います。

私は、独立前の10年間は、大企業のマーケティングのお手伝いをしていましたから、その差がよくわかるのですが、大企業のマーケティング部が進めるプロジェクトで、ターゲット設定がしっかりできていないまま商品化してしまうようなことは、まずありません。

もちろん、大企業といってもレベルの差はありますが、ターゲット設定をする意味合いは、どこも十分に理解しています。

指導している中小企業のなかには、たまに、より多くの人に買ってほしいから、ターゲットを決めて進めたくないという社長もいらっしゃいます。競合がまったくいないような市場であれば、そのような考えもあるかと思いますが、モノやサービスであふれる現代では、ターゲット設定がない商品・サービスで売上を上げていくことは困難です。

T社の場合は、マーケティング部署もあり、プロジェクトの参加者の認識が高かったのでターゲット設定をする理由を参加メンバー全員が理解していました。

そこで私から、この商品は誰に買ってほしいか、買ってもらうべきか、という問いかけをしたところ、次のような意見が出てきました。

A社員「先生、やはり、販売の量が見込める、大口の取引先開拓が理想ではないでしょうか？」

B社員「私もそう思います。戸建てをたくさん造っている大手ハウスメーカー、パワービルダーがターゲットとしてふさわしいと思います」

C社員「でもそういったところは価格競争が激しいので、苦戦するのではないか？」

D社員「そうだ。価格競争になったら我が社では太刀打ちできない。いずれ競合の大手が安売りをしてくるから大変になるよ」

T社のプロジェクトメンバーは、営業マンが中心であったため、このような現実的な意見が飛び交いました。

しばらく議論が続いた後に、30年以上勤務されているベテランの元営業マンのE社員が、口を開きました。

E社員「先生、日本はヨーロッパのようなきれいな町並みと比べると、まだまだ戸建て建築のレベルは低いと思うのです。我が社の商品は、戸建ての外装を美しく仕上げることに貢献できる素晴らしいものですから、そういった価値を理解してもらえる建築家に買ってもらいたいと思います」

勤続30年以上のベテランの元営業マンの意見は、とても説得力があるものでした。

そもそもT社は、外装建材で、戸建てのデザイン性を引き上げることを企業のミッション（使命）にしていましたから、日頃からそのミッションを強く意識し続けているベテランの元営業マンにとっては、ご自身の内側から自然に出てきた意見でした。

そこで、このやりとりを聞いていた社長が次のように発言しました。

T社社長「その通りだと思います。

　我が社の商品は、日本中の町並みを美しいものに変える、そういう力がある商品だと思います。美しい建築を目指す建築家にこそ当社の商品を使ってほしいと強く思います。なのでメインのターゲットは、デザイン思考の強い、戸建ての建築家にしましょう」

こうして、メインターゲットが決まりました。

ターゲット設定を考える際に、中小企業と大企業の大きな違いは、市場規模です。

大企業の場合は、それなりの市場規模がないと、事業として成り立ちません。ですから、新しい商品やサービスを発売するときには、自社商品・サービスを買ってくれるお客様が多く存在するかどうか、買ってくれる可能性は大いにあるかということを綿密に調査するケースが多いです。しかし、中小企業の場合は、自社の社員をまかなえる市場規模があれば、事業として成立します。したがって、ある程度の仮説を立てて、リスクが少なければ、まずはやってみるというスタンスが取りやすくなります。そこが、大企業と違ってスピード感を持って経営を進められる、中小企業ならではの利点でもあります。Ｔ社も社長のこの場での決断をもとに、メインターゲットを決めて、すみやかに次のプランニングを進めていきました。

このときの、他の営業マンの意見も無駄ではありません。

こういった会議で大切なことは、自分の意見をしっかりと述べることです。そのうえで、参加メンバー全員で、出た案のなかから納得できる仮説を選択するということが大切です。そして、最後は、決裁者が決断するという形が理想です。

良い戦略をつくっても、最後に動くのは現場の人ですから、その現場の方々の気持ちや意見を聞きながら合意形成をするということは、後々の行動につながってきます。

この仕事をしていると、残念なケースもあります。それは、決裁者がプロジェクトの会議に参加しておらず、せっかく合意形成できたものが、内容をあまり理解していない決裁者によってひっくり返されてしまったり、とても良い企画ができても、理解が得られないというケースです。何度かそのような経験をしたので、現在は、コンサルティングを引き受ける場合は、必ず決裁者に参加してもらうスタイルにしています。

中小企業がターゲット設定で失敗する理由

T社は、ターゲット設定において、営業マンから、よりたくさん買ってもらえる「戸建てをたくさん造っている大手ハウスメーカー、パワービルダー」を狙おうという意見が出ました。

しかしその後、ベテランの元営業マンの発言により、「自社商品の価値を理解してもらえるデザイン思考の強い建築家」に変更しました。

前述の通り、このターゲットの決定は、とても重要です。

中小企業の多くの会社が、このターゲットの議論をしっかりと行わないまま、なんとなく商品開発を進めてしまいます。おそらく多くの会社が、良い商品コンセプトだから短絡的に「戸建てをたくさん造っている大手ハウスメーカー、パワービルダーに売ろう」ということになると思います。

なぜそうなってしまうかというと、そこに競合の概念がすっぽりと抜けてしまっているからです。

仮に、売れそうな商品を開発して実際に売れたとなれば、競合の大手企業は黙って見ていません。先行の中小企業よりもより多くの量を売ろうとして、より安く、より良い商品をぶつけてきます。

そのような繰り返しを行っていれば、自社の商品が、特定業界で評価されるようなカテゴリーブランドになることはありません。

中小企業の社長は、現業を支える新しい事業を生み出そうと必死です。例えば、法人向けに特定の事業を行っている社長が、新規事業として、一般消費者向けに新商品を開発したり、お店を出したりしたいと考えています。私の会社には、そういった社長が日々相談に来られます。

理想は高く、コンセプトも一見素晴らしいのですが、足元の市場をしっかりと分析することを怠りがちです。

いざ特許も取って、きれいなデザインを施した商品を発売しても、結果、在庫の山となってしまったり、新しいお店を出しても、まったく人が来なくて1年も経たないうちに閉店しなければならなかったりということがあります。

いずれもターゲット設定や競合分析などが弱く、シズル感のあるブランディングとは程遠くなってしまった結果です。準備不足の失敗と言えます。

競合の確認を怠っている場合の多くは、社長の頭のなかには、「こういった商品・サービスは、これまでになかった。きっと売れるぞ」という思い込みが先行してしまっています。しかし実際には、競合がひしめいていたり、なかには競合がないのはよいが、そもそもお客様のニーズもない、という残念なこともあります。

また、競合に引っぱられたターゲット設定をしてしまうケースもあります。

多くの中小企業は大手企業を見ていますから、その大手企業と同じようなことを真似ようとして、中途半端なポジショニングになってしまい、結果として、お客様から見たときに魅力的に見えない存在に陥ってしまいます。

これは、中小企業のブランディングとしては、おすすめできません。大手企業と同じ方向を向けば、そこには厳しい価格競争があるだけです。

会社の戦略が定まらない原因

T社は、量が見込める大手ハウスメーカー、パワービルダーではなく、デザイン思考の強い建築家にターゲットを絞り、この設定で企画を進めていくわけですが、その際に、自社の「強み」が活きるかどうかという確認も重要です。

もし、仮に大手ハウスメーカー、パワービルダーをターゲットにした場合は、大ロットで、定形品を一括で納めていくという商売になります。これに対して、デザイン思考の強い建築家は、個人経営で年に数棟の戸建てを造るという方も多いため、小ロットで、かつ、さまざまな要望に応えていくことになります。簡単に言えば、手間がかかる商売です。

この手間がかかる商売に、自社の「強み」が活きるかどうか、そういった検証が欠かせません。T社は、創業70年以上も建材メーカーとして活動していますから、全国に販売網があり、これまで取引先の企業を大切にして、良いお付き合いを継続してきました。

この積み重ねで築いてきた信頼は絶大で、今回のT社の取り組みにも協力を得られる体制ができていました。外装建材を販売するには非常に有効なルートで、しっかりと「強み」が効いている商売と言えます。

今後、まったく別の企業が、そのような市場に出てきて、取引先開拓から始めようとした際には、まともな商品をつくり、売り出すまでに膨大な時間を要します。ですから、他社の参入障壁も高い商売と言えます。

このように、「強み」を活かすという視点は、長期的に本当に売れるブランディングをしていこうと思えば、欠かせません。

当社にコンサルティングをご依頼いただいた企業はすべて、会社の「強み」について、しっかりと時間をかけて検証を行います。しかし、ときどきこの「強み」の検証について、重要性をあまり理解していただけない会社もあり、残念な思いをすることがあります。

コンサルティングを行う企業には、毎回課題を出し、その内容についてアドバイスを行いますが、次のようなことがあります。

「先生、うちの強みはもう明文化してわかっていますから、どんどん次に進めてもらえませんか？」

これは、あるメーカーの社長の発言ですが、その明文化された資料には、大きな「強み」の柱が抜け落ちていることが、その後、わかりました。

「先生、うちのホームページに強みが書いてあるでしょ。あれがすべてなので大丈夫です」

これは、ある受託系のサービスを提供している会社の社長の発言です。しかし、そのホームページの「強み」を見てみると、他の役員から出された資料に記してあった「強み」とはまったく違う内容が書かれていました。つまり、社長以下、役員が自社の「強み」をばらばらに認識しているということです。「強み」を経営陣で共通認識できていないということは、その会社の戦略が定まっていないということです。そこに戦略上の大きな欠陥がありますから、ブランディングを考える以前の問題として、しっかりと向き合う必要があります。

3　競合がいないオンリーワン市場のつくり方

ほとんどの社長が見落としている「購買決定要因」

前述の通り、買いたい、欲しいと思ってもらえるシズル感のあるブランディングにはターゲット設定が不可欠です。

T社は、会社の想い（使命感）をベースとしてターゲット設定を行いました。

しかし、ターゲット設定は、会社の「強み」が活きるかどうかという、別の視点で検討していく場合もあります。

また、すでに商品・サービスをいくつか展開していて、リピーターを多く持つような事業であれば、そのお客様がどんな方で、どんなニーズを持っているかなどを分析していくことが、次の新しい商品・サービスのターゲット設定の参考になります。

シズル感のあるブランディングをしていくために、ターゲット設定の次に考えるべきことは、ニーズです。

ニーズとは、そのターゲットが抱えている悩み事や、願望、欲求のことです。

ターゲットの方が、はっきりと認識していて、顕在化している場合を顕在ニーズと言います。

逆に、ご自身がはっきりと欲しいとか悩んでいるとかなど認識していない場合を、潜在ニーズと言います。

どちらのニーズにもチャンスがありますので、両方の可能性を広く深く探っていきます。

T社が設定したターゲットである「デザイン思考の強い建築家」は、どんなニーズを持っているでしょうか。

ニーズについても、あまり深く考えずに、なんとなく企画を進めてしまう会社も多いものですが、ターゲットと同様に、しっかりと検証をしていきます。

ここでも、社内で議論が交わされました。

A社員「個人で活動している建築家は、予算が限られているので、価格には厳しいですよ。低コストに対するニーズは強いと思います」

B社員「いやいや、こだわった家造りをする建築家は、より良いものを造ろうとするし、施主さんも良いものを求めているので、価格よりは品質を重視していると思うよ」

C社員「こだわりといっても、いろんな側面があるけど、彼らは色や素材についてのこだわりが強いんじゃないかなぁ」

D社員「そもそも我が社が提供するのは外装用の建材だから、耐久性や防汚性といった外装建材としての基本機能の高さが求められると思うけど」

ひとくちに、「デザイン思考の強い建築家」のニーズといっても、さまざまな意見が飛び交いました。

最初は、幅広い意見が出てくるのですが、この検証を徹底的に行っていき、どこに自社の商品が活かされるチャンスがあるかを同時に考えていくことが大切です。

そのときに重要なことは、顧客の「購買決定要因」がどこにあるかを考えることです。

購買決定要因とは、ターゲットであるお客様が購買するときに外せない要素であり、購買に影響を与える大きな要因のことです。

そのターゲットであるお客様は、この商品をなぜ買うのか？ どのような要素が高く評価されれば買ってくれるのか？ 外せない要素は何か？ こういったことを買い手の心理を深く考えて、購買決定要因となる重要な要素をあぶり出していきます。

前著でも、売れなくて困っていた商品・サービスが、その後、カテゴリーキラーとなり、売上を大きく上げたという具体事例をいくつか紹介しました。

そのような厳しい状況にある商品・サービスでは、なんとか再起させようとして、必死でお客様のニーズや購買決定要因を考えようとします。

しかし、まだ売り出す前の新商品・新サービスの開発となると、このニーズや購買決定要因の検証を疎かにして企画を進めてしまうケースが多いので注意が必要です。

売り出した後で苦しい思いをするよりも、この時点で徹底的に検証するスタンスが大切です。

急がば回れと言われるように、良い結果を求めるのであれば、より精度の高い企画になるまで考え抜く必要があります。

大切なお金と時間を費やすのですから、なんとなく決めて進めてしまうことだけは避けてほしいと思います。

T社では、徹底的に顧客のニーズを考え抜き、最終的には30を超えるニーズが出てきましたので、このなかから、購買決定要因を検証していくことになりました。

そして、検証の結果、デザイン思考が強い建築家が求めている強いニーズは、「シンプルで美しいデザイン」であると定義しました。

「シンプルで美しいデザイン」を追求する建築家にとって、外装用の建材は、あくまでも、それを実現するための手段です。

そして、このような方々に対して、T社がお役に立てることとは、外装用の建材で、建築物のトータルコーディネートを可能にすることでした。

つまり購買決定要因は、同色・同素材の外装建材をワンストップで提供できる「品揃え」だと考えました。

もともと、外装用の建材をシリーズで展開していこうとする企画ですので、品揃えを充実させることは決まっていました。

しかしここでのポイントは、この品揃えが、デザイン思考の強い建築家が求めている「シンプルで美しいデザイン」を満たせるものであり、これこそが購買決定要因であると仮設立てしたことに意味があります。

ブランディングの成否を分かつポイント

T社ではこのように、ニーズとそれに紐づく購買決定要因の検証を徹底的に行い、戦略仮説を組み立てていきました。

そして、「戸建て建築のデザイン性を高めるために、同色・同素材で、T社にしかできない豊富な外装建材のラインナップ（品揃え）をワンストップで提供できる」を基本コンセプトとして、商品開発を検討していくことになりました。

このメッセージでは、T社の未来の1つの姿が盛り込まれています。

それは、「同色・同素材で、T社にしかできないラインナップ」という点です。まだ、商品ラインナップはできておらず、これから生み出していくものですから、ひとまずこの段階で仮決定をして、さらに別の視点を検証する必要があります。それは、競合環境です。

T社と同じようなことができる競合企業が、現時点で他にはないか？

もし、あるとすれば、どの程度の内容のものか？

このように競合環境について、くまなく調べていきます。そして、競合環境において、自社はどういう位置づけで事業を展開していくべきか、この位置づけを決定していくことをポジショニングと言います。

T社の場合は、競争軸を外装建材の「品揃え」としました。ここで、同じ種類の外装建材を持つ競合を確認したうえで、どの程度の品揃えをしているかを確認していきます。ターゲットであるデザイン思考の強い建築家に喜ばれる「品揃え」を実現できているところはどこか、もし存在するのなら、その会社の強み弱みは何か、そういった具体的な内容を比較して、勝機があるか、どうすれば突き抜けられるかということを細かく分析していきます。

そして、ターゲットであるデザイン思考の強い建築家のお役に立つためには、「同色・同素材の外装建材を4アイテム以上持つこと」と考えました。

競合他社には、このレベルで「品揃え」をしている会社はない、ということがわかりましたので、「同色・同素材の外装建材を4アイテム以上持つこと」で、唯一無二のポジショニングができることがわかりました。こうしてT社のブランディングの核となるポジショニングが定まったのです。

実際のポジショニングは、市場調査と分析、評価を繰り返して、多くの時間をかけて議論を積み重ねて設定していきます。骨の折れる作業です。

これまで、実際にプロの先生が描いたポジショニングマップ（ポジショニングを図解したもの）を見ても、残念ながらおかしな軸になっているものをたびたび目にします。それぐらい難しい作業ですが、この難題をクリアしないと、売上を上げるためのシズルが効いたブランディングはできません。

前著でもポジショニングの大切さについては、かなり強調しましたが、しっかりとシズルが効いたブランディングができるかどうかを分かつ最重要ポイントです。そのため、ここで少しわかりやすい事例を使って、ポジショニングについて詳しく説明していきたいと思います。

老舗企業に学ぶポジショニング設定

地方の小さな商店街にある、創業100年以上続く老舗の靴屋さんの話です。

草履の時代、下駄の時代を経て、靴屋さんを営んでいます。

創業した頃には、その町には、その靴屋さんしかなかったのでそれなりに繁盛していました。しかし、年が経つごとにその町にも競合店が増えてしまい、どんどん売上が下がっていきました。

さらに、その地域に、数年後に大型ショッピングセンターが進出してくるということになり、いよいよ、お店存続の危機に直面しました。大型ショッピングセンターには、充実した靴売場がありますので、苦戦を強いられることは必至です。4代目の店主は、とても焦りました。

このような状況では、事業主の「想い」が問われます。靴屋をやめて、新しい事業に挑戦するということも選択肢として挙がるかもしれません。しかし、どんな商売であっても本気でやりきる「想い」がなければ、カタチになりません。特に、新規事業は慎重に考えるべきです。最終的には、創業から代々、100年以上も地元で靴を提供してきたお店として、お客様の期待を裏切らない選択をしました。

4代目の店主は、

「この町の靴文化をさらに発展させて、お客様にもっと喜んでいただく靴屋になる」

という力強いビジョンを打ち出しました。このように事業主の内側から湧き出る強い意志こそが、「スーパーブランディング」の原点になる「想い」です。

大手企業に対抗する基本戦略

その町にあった靴屋さん各店は、自店も含めて同じように、普通の靴を品揃えしていました。普通の靴というのは、価格は安めで多くの人が買いやすい靴です。

そこで店主は、今度進出してくる大型ショッピングセンターを分析しました。その大型ショッピングセンターは、すでに他の地域で手広く展開していましたから、そこで、どんな靴が売られているかを確認して、自分の店ではどのような品揃えをすべきかを一生懸命に考えたのです。

大型ショッピングセンターを分析すると、多くの人に買ってもらえるように、安い靴がたくさん売られていました。しかも品揃えの数は圧倒的で、大人から子どもまで楽しんでショッピングしてもらえる店づくりになっていました。

つまりは、この町にあるいくつかの靴屋さんと同じように安い靴を扱っており、それに加えて、品揃えが魅力的でした。

店主は、このまま放っておいたら、この町のお客さんはすべて大型ショッピングセンターに持っていかれてしまい、自店のみならず町の靴屋さんはすべて閑古鳥が鳴くことになると思いました。

店がなくなってしまうという差し迫った危機感で、夜も眠れないほどだったそうです。

靴屋さんだけでなく、中小企業の市場に大手企業が進出してくるときは、市場をまるごと持っていかれてしまうという恐怖感で、多くの社長は焦ります。

このときにやるべきことは、徹底的に市場を分析して、生き延びる戦略を一生懸命に考えることです。そして、その基本は、「大手企業と同じことをやらない」というのが鉄則です。必要に応じて、舵を大きく切る必要があります。

店主は、徹底的に考えました。そして、競合店も次に出店してくるショッピングセンターも扱っていない、付加価値の高い比較的高単価の靴を中心とした品揃えをしていくことにしました。

店主は、そのときにこのように考えました。

「この地方の小さな町にもセレブなご婦人は少なからずいる。そういったセレブなご婦人に喜ばれる靴を揃えれば、必ずごひいきにされるお店になる。そうなれば店は存続できる」

このような仮説を立てて、戦略を考えました。普段からお付き合いがあったお客様を分析すると、お金持ちのご婦人もいらっしゃって、そういった方は、日頃ふらっと、東京の銀座あたりに買い物に出かけるのを知っていたので、それがヒントになりました。

そして、店主はさっそく大型ショッピングセンターが進出する前から、しっかりとコンセプトをつくり込みました。

重要ポイントである靴の品揃えについては、東京銀座の有名靴店などを研究して、この町のセレブ婦人にも満足いただけるレベルを目指しました。店内も、お客様がゆったりと買い物ができる導線をつくり、大幅改装することにしました。

また店内の導線に合わせて、以前にもまして、丁寧な接客サービスをする方針を打ち出しました。店主が描いたポジショニングは、「セレブ婦人のための、東京銀座にあるような高級靴店」でした。

生き残るために必死に考える

このように、店主は必死に考えて、１つの方向性を見いだしました。この必死に考えるということはとても大切です。当社に相談にいらっしゃる方のなかには、

「先生に頼めば、何か新しいものを生み出してくれるんでしょ？」

といった、完全に他力本願な方がまれにいらっしゃいます。

勘違いされているだけかもしれませんが、ご自身がリスクを背負って、責任を持って行う事業を他人任せにできる経営者はほとんどいないでしょう。こういう発言をされるのは、たいてい社長ではなく、新しい取り組みに消極的な社員です。

現在は、そういう方には、プロジェクトに参加してもらわないようにしています。どの会社でも足を引っぱる社員は、少なからずいます。そういった方は、普段の仕事でも、コンサルティングを受けていても、足を引っぱります。ですから、たとえ一人でもよいので、新しい取り組みでは、社長の「想い」をしっかり受け止めてくれる、前向きな社員と行うべきです。

10年、３００社以上お付き合いしてきた経験から言えることは、他力本願では、かなりの確率でうまくいきません。中途半端で終わってしまいます。何度かそういうことを経験したので、気をつけるようにしています。

「想い」が強い中小企業の社長のお役に立ちたいと思って初めた仕事ですから、なんとしてもやりきる、と決めている社長を、今後も応援していこうと思っています。

10年経過してもシズルが効く！

さて、店主は「セレブ婦人のための、東京銀座にあるような高級靴店」というポジショニングを考えました。競合店もなく、唯一無二のポジショニングです。そして、この設定したポジショニングがしっかりとターゲットの心に届くように、ネーミング、キャッチコピー、そして店舗デザインを行い、ブランディングをしていきました。小さな町ですから、リニューアル後は近所で話題となり、狙い通りのセレブ婦人が続々と来店するようになりました。買いたい、欲しいと思ってもらえるような、シズルがしっかりと効いたブランディングができたのです。

このように、お客さんの欲求をくすぐるシズル感を出すためには、ポジショニングが重要になります。表現テクニックだけでは、決してターゲットの心に突き刺さりません。

数年後、予定通り大手ショッピングセンターが進出してきました。

商店街への人の流れは激減し、その後、商店街にあった多くのお店は廃業に追い込まれ、全国に見られるような、シャッター通りになってしまいました。この店主のお店を除いては、同業の靴屋さんもすべて廃業しました。

それから10年以上が経過しますが、店主がつくったコンセプトは、しっかりとこの町のセレブ婦人の支持を受け、現在もお店を継続することができています。

大手ショッピングセンターが進出してきたとしても、小さなお店が戦略次第で生き残る道があることを、この靴屋さんが証明しています。

ブランディングを単なるデザイン作業で終わらせない

Ｔ社と靴屋さんの事例をもとに、シズルが効くブランディングをするためには、ポジショニングの設定がとても重要であるということをお伝えしました。逆に言えば、ポジショニングの設定が弱いブランディングは、中身のないうわべだけのデザイン作業になってしまいます。

もちろん、デザイン性が高い商品・サービスは、競合との差別化になることはありますが、それだけでは、商品・サービスの売上をしっかりと上げて、会社が次のステージに向けて力強く発展していく、「スーパーブランディング」と言えるレベルには到達できません。

当社に相談に来られる会社の中には、デザイン制作や広告クリエイティブにかなりお金をかけたにもかかわらず、思うような結果が出ないという会社も多くあります。内容を見ると、ポジショニングについて、しっかりと設計ができておらず、結果としてシズル感のないブランディングになってしまっています。

ポジショニングの設定は、自社に有利に、そして長期的な視点で見た際にも、競争優位性を発揮し続けられるような、戦略図として描く必要があります。

もし、あなたがこれから新しい事業を始めるようであれば、あわてて進めていく前に、一歩立ち止まって、この点についてよく考える必要があります。

また、既存事業が苦境にある場合や、より発展させようという際にも、思いつきの手を打つのではなく、どんなポジションを取っていくかをしっかりと検討してほしいと思います。

4　ターゲットの心に突き刺さる「ブランディングツール」

新規客からの問い合わせを激増させる方法

T社の外装建材は、「同色・同素材の外装建材を4アイテム以上持つこと」をポジションとして定めました。前述の通り、これは同業界では、競合も提供していない、唯一無二のポジショニングです。

ポジショニングが定まったら次にやるべきことは、このポジショニングに合わせた商品づくりです。どんな商品を提供すればターゲットに喜ばれるかを考えて、優先順位をつけて商品開発を進めていきます。

当社へ、ブランディングの相談に来られる方のなかには、既存商品・サービスの売上を上げていくために、リブランディング（再度ブランディングを行うこと）をしたいという会社も多いです。その場合は、すでに提供している商品・サービスの中身自体は大きく変えないため、商品開発に時間を要することはありません。その一方で、新しい商品づくりは、少し時間がかかります。したがって、新しい商品づくりをする場合は、商品開発と同時並行で表現開発を行っていきます。

T社の外装建材をブランディングしていくうえでは、デザイン思考が強い戸建ての建築家に対して、どのようなメッセージを発信すれば、興味を持っていただけるかを徹底的に考えます。

要は、設定したポジショニングを、ターゲットに魅力的に感じてもらえる言葉やビジュアル（写真やイラスト）でしっかりと伝えていくということです。

順番としては、ポジショニングを設定してから表現開発のプロセスに入るのですが、この表現開発は、とても重要な作業です。

なぜなら、この表現開発がうまくいかなければ、ターゲット顧客にその価値は伝わらず、設定したポジショニングは無駄になってしまうといっても過言ではないからです。

特に新規客にその価値が伝わらなければ、大きな売上は期待できません。ですから、表現開発は、ポジショニングを設定したときと同じように、またはそれ以上に真剣に向き合う必要があります。表現開発がしっかりとできれば、できていない場合と比較して、何倍も楽に新規客の獲得ができるようになります。

これまで10年以上、３００社を超える指導で何度も経験していますが、表現開発がうまく完成すると、営業マンに頼りきりにならずとも新規客の開拓が何倍もスムーズにできるようになります。

例えば、これまで年に数件しかなかったホームページからの新規の問い合わせが、表現を変えることで、月に10件以上来るようになったりします。

また、商品パンフレットの表現を変えることで、営業効率が高まり成約率が抜群に上がったり、名刺１つでも大きな引き合いをもらえるようになったりということが本当に実現します。このようにターゲット顧客の心をつかむことができるツールをブランディングツールと呼んでいます。

営業マンに頼らずに「新規客」を呼び込む

もし、あなたの会社が、個々の営業マンのトークのみに頼ってセールスをしている会社であれば、ブランディングツールによる引き上げ効果が期待できます。

なぜなら、営業マンのトークは、経験やスキルによってバラつきが出ますが、ブランディングツールの内容は、変わることはないからです。

もちろん、最初の表現開発は、シズルを出すためにそれなりに大変な努力を要しますが、その後で一定の売上効果をもたらすツールになると思えば、時間とお金をかける価値はあります。効果のあるブランディングツールは、営業マン何人分もの仕事をしてくれます。

しかし、ホームページ、商品・サービスのパンフレットなど、新規客に向けて発信すべきツールをしっかりとつくり込んで、そこから売上を上げようという意識がある会社は、実は少数派です。

本書を手に取った方であれば、ブランディングについて意識を持たれているでしょうが、そうでない大多数の方は本当にもったいないことをしています。

電車内や新聞などでも中小企業が広告を出しているのを見かけますが、シズル感がまったくないために、お金を垂れ流しにしていると感じる広告であふれかえっています。

大手企業の場合は、シズルに対する意識が高く、また広告関係の専門職で働いている人もたくさんいますので、残念な内容の広告は少ないですが、中小企業の場合は、広告の専門部署はまずなく、社長や兼任の担当者が、外部の業者にお願いして、デザイナーなどに任せきりになっているケースがほとんどです。

電車内広告や新聞広告を出す以上は、毎月、数十万円、なかには数百万円の広告費がかかっていますから、ぜひともこれをお金に換えていこうという強い意志を持ってほしいものです。本書でお伝えしているシズル感のある広告づくりをぜひしていただきたいです。

手が回らないという理由で、これまでの広告内容をいつまでも変えずに、なんとなく広告を出し続けているということは、毎日喫茶店でさぼっている営業マンを、見て見ぬふりをしているのと同じことです。

そういう会社の特徴は、毎月いくらぐらいの広告を出しているかぐらいは把握しているものの、その広告がどれぐらい新規客の獲得につながっているかと聞くと、よくわからないという返事が返ってきます。

これは、営業マンを雇っているけれど、その営業マンがいくら売上を上げているか知らないということと同じです。

認知を高めるために、同じ広告を変えずに出し続けることは、時には重要です。

しかし、その広告自体にシズルがなければ、極端な言い方をすれば、広告投資で大損をしているとも言えます。

資本の少ない中小企業が広告などの投資をする際は、シズルが効くブランディング、つまりスーパーブランディングを行って、しっかりと新規客を呼び込み、売上につなげるべきなのです。

シズルの勝負ポイント「ネーミング」と「タグライン」

ブランディングツールの重要性はご理解いただけたと思います。T社もブランディングツールを充実させていくことになりましたが、ここでまずやらなくてはいけないことがあります。

それは、まずは商品・サービスそのものにシズル感を持たせることです。

その重要な要素が、ネーミングとタグラインです。これらは、これからつくっていく各種ブランディングツールの効果を最大化させる肝心要の勝負ポイントです。

ネーミングは、単純に商品・サービスに名前を付けるということですが、タグラインについては、聞きなれない方も多いのではないでしょうか。

タグラインとは、ネーミングを補完する言葉です。

以前、消費者向けの生活家電のリブランディング（再度ブランディングを行うこと）のお手伝いをしたことがあります。このときは、しっかりとポジショニングの設定を行い、インパクトのある特徴的なネーミングにしました。

そして、タグラインは、会社の歴史や強みを感じさせ、かつ唯一性のあるポジショニングを示したものにしました。

具体的には、このタグラインは、創業来80年以上にわたって、業務用製品を提供し続けている同社ならではの企業姿勢そのものを、消費者向けの生活家電として、ポジショニング設計したものです。

やってはいけないネーミング

リブランディングした生活家電は、現行品に比べ、かなり商品価格を上げたにもかかわらず、結果としては、10万台以上売れる同社のヒット商品に生まれ変わりました。

そして、中小企業のヒット商品として新聞の第一面で紹介されたり、人気のテレビ番組などで多数取り上げられたりして、会社のイメージアップにもつながる相乗効果をもたらしました。

ネーミングとタグラインに、しっかりと、買いたい、欲しいと思ってもらうためのシズル感があったため、消費者やメディアの関心を得ることができました。

ところで、ネーミングやタグラインを考えるにあたって、やってはいけないことがあります。

それは、商品・サービスがどんなものかまったくわからないようなネーミング、タグラインをつけることです。

もし、この生活家電のネーミングも、商品カテゴリーが具体的にわからないネーミングであれば、ここまでのヒットはなかったと思います。

そのものが何であるかがわからないネーミングは、シズルどころか興味を持たれることもないので、中小企業にはおすすめできません。

例えば、男性向けに、特定ジャンルの商品をつくったとして、仮に「Xシリーズ」といって、スタイリッシュなマークを付けて発売したとします。

こういった、パッと聞いて何の商品かがわからないネーミングで展開する場合は、まず、「Xシリーズ」が何なのかを認知してもらう必要があり、大きな投資が必要になります。

大企業であれば、ＣＭなどを使って「Ｘシリーズ」という商品名を連呼し、繰り返しＣＭを投下することによって、商品名を記憶させ、購入に至らせることができるかもしれません。

しかしもちろん、それは大きな広告予算を必要とします。中小企業においては、その大きな投資をすることができるほどの体力を持っているところは、そう多くはありません。

そのため中小企業にとって、ネーミングで、できるだけどのようなものかを認識してもらって興味喚起をしつつ、ネーミングで伝えきれない重要な要素をタグラインで補完することが基本です。

その生活家電がヒット商品として、メディア各紙で取り上げられるようになると、このように奇抜なネーミングをすれば売れると勘違いして、凝ったネーミングを考えようと一生懸命になってしまう方もいます。

当然、面白さやインパクトで、メディアや一部の消費者が飛びつくこともあると思います。

しかし本質的な勝負は、ネーミングではありません。ここを勘違いしてしまうと、本当にシズルが効いた自社ブランドはいつまでも完成しません。

市場をしっかりと分析して、狙っていくターゲットの設定、そして競合環境のなかで、自社にとって最適なポジショニングをつくることが何よりも重要です。

世の中には、ネーミングを変えてヒットしたという商品は、確かにあります。しかし、その商品は、その前のポジショニングづくりがしっかりできていたのです。

どう伝えるかの前に、何を伝えるかを決める

Ｔ社でも外装建材のネーミングについて検討を行いました。

その際に、最初に仮決定していたネーミングがあったのですが、それは、アルファベットを使った、一見スタイリッシュなネーミングでした。

しかし残念ながら、そのネーミングは商品・サービスがどのようなものかをイメージできず、商品の良さやポジショニングは感じられませんでした。また、それを補完するタグラインもなかったので、シズルが感じられないものになっていました。

Ｔ社はこの当初のネーミングを気に入られていたのですが、私どもは、商品・サービスを誰もが容易にイメージできる別のネーミングとタグラインを検討することをおすすめしました。

当社のコンサルティング指導では、参加メンバーと一緒に表現開発を行っていきます。一緒に考えて決まったネーミング、タグラインであれば、納得感も強く、その後も気持ちを込めて活動してもらえます。

その際に重要なことは、あくまでもメインターゲットにとって、興味喚起につながるシズル感のある表現を考えていくことです。

この点を徹底して掘り下げていくことで、良いネーミング、タグラインが完成し、新規客を呼び込む、売上につながるブランディングツールができます。

当社のコンサルティング指導のときにも、よくあることですが、ネーミング、タグラインを考え

ようという段階になると、奇抜なインパクトのあるものを考えようとしたり、どこか有名なコピーライターが書いたような、素敵な文章をタグラインとして考えようとしたりする方がいらっしゃいます。

どう伝えるかということも大切なのですが、その前に、何を伝えるべきかをしっかりと整理しておく必要があります。大切なことは、ネーミングやタグラインの作業に入る前に設計してきた、戦略的な要素を整理して活かすことです。

T社のメインターゲットである、デザイン思考の強い建築家が、戸建て建築の設計に求めているものは、「シンプルで美しいデザイン」です。そして、このニーズを満たすことができるのが、T社が提供する、４種の同色・同素材の外装建材です。

そしてT社が伝えるべきことは、メインターゲットに対して、あなたが求めているものがここにあります、と感情に訴えかける表現で伝えていくことです。

このことをよく理解していないと、どこかの大手企業でも当てはまってしまうような、中小企業の良さ、つまりポジショニングが活かされないネーミングやタグラインがつくられてしまいます。ひどいケースになると、社長の好みで決まってしまったり、参加メンバーのなかで声が大きい人に引っぱられて決まったりすることがあります。当然そこにはシズル感はありません。

何案も考えて一番目的に合った表現を採用します。この表現開発は、本当に緻密な作業ですが、手間を惜しまずに、細部まで手を抜かずに組み立てていきます。

ブランディングツールを活かす重要ポイント

Ｔ社は、多くの案を考え抜き、最終的には、プロジェクトメンバーが納得できるネーミングとタグラインが完成しました。そして、ブランディングツールとして、パンフレットとホームページを用意しました。

パンフレットとホームページは、どんな商品・サービスを提供する会社でも、「スーパーブランディング」をしていくための、最低限用意したい二大ブランディングツールです。

そして前述の通り、このブランディングツールでシズル感を出すことに徹底的にこだわります。理由は、中小企業の多くは広告宣伝の予算がほとんどありません。新たに優秀な営業マンを雇おうとしても限界があります。

その少ない予算や限られた営業リソースを最大限に活かすためには、ブランディングツールにシズルを効かせることが欠かせません。新規のお客様が貴社のパンフレットを見た瞬間に興味を持ち、引き込まれていく、そういうゴールを目指すべきです。

新規のお客様といっても、誰でもよいわけではありません。設定したメインターゲットが、そのパンフレットを見たときに、ハッとして思わず内容を見たくなり、そして、自分が求めていた内容が丁寧に説明されていて、どんどん引き込まれていくような、そんなパンフレットにしていくために、徹底して考える必要があります。

そのためにはパンフレットを、主にどんな目的やシーンで使うかを想定しておくことが大切です。

これが抜けていると使えないブランディングツールになってしまいます。

もちろん、いろいろなシーンで使うということはあると思います。しかし、一番多く使う主なシーンを決めておくことが大切です。

例えば、営業で新規のお客様のところに訪問した際にプレゼンテーションで使うということが前提になっていたとします。忙しい業界では何ページもある内容をじっくり見てもらえることは少ないでしょう。あとで読み返してもらうことも難しいとすれば、シンプルなページ構成で、営業マンが話をしやすい展開を考える必要があります。

また、興味を持った方がホームページから問い合わせをしてきたときに渡したり、セミナーなどでお客様が詳しい資料を求めてくるようなケースでは、興味喚起された方に渡すことが前提ですから、より深い情報を提供していくことが求められます。

このようにお客様に渡すシーンによって、どのような情報を掲載すべきかを考える必要があります。このことは、ホームページをつくる上でもしっかり検討する必要があります。自社のホームページに訪れるメインターゲットの気持ちをよく考えて、発信していくべき要素を整理しつつ、しっかりとシズルを効かせます。

メインターゲットであるお客様は、どのようなキーワードで検索し、自社のホームページに訪問してくるのか？　一番大切なトップページでは、どのような要素を伝えるべきか？　その要素を、どのようなビジュアルや言葉で表現すべきか？　それらの点をじっくり検証する必要があるのです。

5　自社商品・サービスの価値を高めるプロモーション手法

自社ブランドをどうやって広めていくか

Ｔ社では、デザイン思考の強い建築家に向けて、自社の外装建材シリーズを紹介するために、シズル感のあるパンフレットとホームページを、ブランディングツールとして用意しました。

次は、この商品をどうやって市場に広めていくかです。

大企業であれば、予算をどうやって振り分けて、広告宣伝を展開するかという段階になります。しかしながら中小企業の場合は、大企業のように予算がありませんから、工夫が必要です。

過去の営業活動の延長で同じように取り組んでいけば、それなりに売上が見込めるということであれば、まずはそのスタイルを基本として展開します。そのうえで、さらに営業活動を後押しするような、販売促進のための施策を検討することもおすすめします。

ポイントの１つは、新商品・新サービスを発売するタイミングをうまく活用するということです。理由は、お客様の関心が高まりシズル効果が最大化されるからです。さらにメディアの注目も得られやすいタイミングですから、新聞、雑誌、テレビなどで紹介してもらえる可能性もあります。

そう言うと、うちの業界は、特殊な業界だからあまり関係ないと思われる方もいらっしゃるかもしれませんが、特殊な業界ほど、専門誌など特殊なメディアはあるものです。そういった業界メディアをうまく活用することは有効です。なぜならメインターゲットのお客様も、専門誌など業界メディアを見ているからです。これを活用しない手はありません。

また、テレビ、新聞など、広く一般の方に向けた、いわゆるマスメディアは、専門誌や業界紙などのニッチなメディアからネタを探しています。ですから、専門誌、業界紙にとどまらず、マスメディアで取り上げられる可能性も大いにあります。このようにメディアに取り上げてもらい、記事にしてもらう手法を、一般的にPR活動と言います。

費用対効果を見ながら、自社の現在の営業活動とどのようにリンクさせて、最大効果を発揮できるかを考える必要があります。ここで手を抜くと、売上につながりにくくなってしまいます。シズルが効いたブランディングツールを武器に、しっかりとメインターゲットに自社商品を認知してもらい、そして購買してもらう導線を確立します。

しかし、たまに中小企業でも予算があるからといって、いきなりテレビCMに数千万円の予算をかけてしまうケースがあります。

仮に、ネット広告、販促チラシ、ダイレクトメールといった低コストの販促プロモーションで効果が出ていて、それなりの新規客が獲得できているため、広告が売上に寄与することがわかっており、その前提で全体の予算の一部でテスト的なテレビCMを行うのであれば、まだわかります。

しかし、そういった地道な取り組みを飛び越えて、いきなりテレビCMを行うということは、経験が豊富な大企業はさておき、中小企業にはおすすめできません。

「らしさ」を追求した売り方とは

自社商品・サービスを、新しいお客様に知ってもらい、買ってもらうための「売り方」は、とても大切です。「売り方」へのこだわりは、自社商品・サービスをよいものであると認識してもらうためにも、欠かせない視点です。

良い「売り方」を積み上げていくことで、商品・サービスは、良いブランドと認識してもらえるように育っていきます。これは、一般消費者向けの商品・サービスだけでなく、法人向けの事業についても同じことが言えます。

反対に、素晴らしい付加価値のついた商品を、いきなり安売りのお店で売れば、それは価値の低いものとして認識されてしまいます。

例えば、こだわりの商品が並ぶお店で、きれいな照明が当たるディスプレイで陳列されれば、品質の高い商品だと認識されます。

売場だけでなく販促プロモーションも同じで、売りたいという気持ちが強いと、つい安売りに走りがちですが、そういった売り方は長期的には商品・サービスの価値を下げてしまいます。

確かに目先の売上は上がるので、ひとたび安売りでの売り方に慣れてしまうと、継続してその売り方に頼ってしまいがちですが、理想とするお客様のファンは増えていきにくく、安さにとびつく一見客を毎回かき集めることになってしまいます。

そのような繰り返しをしていては、いつまでも理想のブランドと言えるレベルまでは到達できず、長期的な繁栄は、期待できません。

商品・サービスの良さや特徴が活かされた売り方、つまり、その商品・サービスの「らしさ」が活かされる売り方ができるかどうかを、徹底的に考えていく必要があります。商品・サービスの「らしさ」が活かされる売り方とは、自社のポジショニングをどんどん強くしていける売り方と言い換えることもできます。

ある高級ワイングラスのメーカーは、素敵な売場で、ワインの飲み比べを行うプロモーションを継続的に行いました。普通のワイングラスで飲んだワインと、同社のワイングラスで飲んだ場合の比較をしてもらい、同じワインでも味が変わるということを知ってもらい、ファンを増やしていきました。今では、誰もが知る高級ワイングラスブランドに成長しました。美味しい食事とワインを楽しむためのワイングラスブランドとしてのポジショニングを確立したのです。

単に売れればよいという発想で目先の売上に追われていると、どうしても「らしくない」売り方になってしまいます。そして、大切なものを失います。

それは、自社のポジショニングの崩壊です。

このように、売り方にもポジショニングが関係しているということです。「らしくない」売り方をする会社の多くが、そもそも自社のポジショニングを考えていません。

もし、自社のポジショニングをしっかりと意識してブランディングしている会社だとすれば、安易に目先の売上に目を奪われて、「らしくない」売り方はしないものです。

成功するプロジェクトの最重要ポイント

さて、T社でも「らしさ」を活かせる売り方について、徹底的に検討を行いました。デザイン思考が強い建築家に認知され、いかにして購買に結び付けることができるか、そして、その売り方の積み上げにより、T社の外装建材シリーズは、業界におけるブランドとして認識してもらえるレベルを目指して検討しました。

いろいろと検討した結果、デザイン思考が強い建築家に喜ばれる販売促進施策として、「コンテストプロモーション」を打ち出すことにしました。

このコンテストプロモーションとは、T社の外装建材シリーズを使って、家造りに挑戦してもらおうというものです。コンテストの優勝者には、その作品を有名な建築雑誌で紹介するなど、建築家に喜んで挑戦してもらえる仕掛けを設けました。このように、プロモーション設計も、ターゲットが思わず興味関心を持ち、買いたい、欲しいと思えるシズル感のある設計が大切です。

コンテストプロモーションは、T社としても初めての試みでした。

大企業の場合は、広告宣伝や販売促進などを担当するマーケティングの専門部署が存在し、専門のスタッフがすぐに動ける体制があります。また、営業部門もそのような販売促進と連動した動きに慣れています。しかし多くの中小企業は、マーケティングの専門部署はなく、また営業も新しい販売促進施策を実行することに慣れていません。

そのときに問われるのが、プロジェクトリーダーの「想い」です。

なにごとも最後は、やりきる「想い」があるかどうかです。不安を抱えながらも、成功を夢見て、走りきる覚悟があるか、つらくても苦しくても、その不安をワクワクに変える力、たくましさがあるかなど、新しい取り組みでは、リーダーの資質としてそういったことが求められます。

当社で、コンサルティングを受けられる会社の多くは、社長がリーダーですから、最初にその「想い」を確認します。

「最後まで、やりきってください」

そうお伝えします。

一見当たり前のことですが、まれにご自身がやろうと決めてスタートしたプロジェクトを最後までやりきらない方がいるので、必ず最初にそうお伝えしています。

「それで成功できるの?」と、他人事のように言う方もたまにいらっしゃいますが、それは、ゴルフでレッスンプロに指導を受けて、「私は、今度のゴルフコンペで優勝できますか?」と聞いているようなものです。おそらくそういう無責任な方は何をやっても中途半端で、成果は出せないのではないでしょうか。

最終的には、しっかりやりきる覚悟を持って、なんとしても自社の素晴らしい商品・サービスをお客様に届けるマインドが問われます。

簡単に成功することなどはありえません。しかし、しっかりと準備ができていればいるほど、勇気と希望を持って挑戦できるものです。

5倍以上の集客をもたらすプロモーション

Ｔ社のコンテストプロモーションは、スタート当時、募集に大変苦戦しました。しかし、社長の強い想いが全社に伝わり、初回は70件以上の応募につながりました。そして、無事にコンテストを終了することができました。

このコンテストで集まった作品は、冊子化して作品集にすることになりました。これは、パンフレットに次いで、同社のブランディングツールとして強力な武器になります。なぜなら、建築家の先のお客様は、その家を建てる施主さんです。施主さんは、この作品集を見ることで、同社の外装建材を使えば、そのような素晴らしい家造りができることをイメージできるからです。

１冊目のパンフレットも、シズルを効かすために内容にはかなりこだわって制作しましたが、２冊目の作品集と合わせて、商品理解をしてもらうことで、よりシズルが効いたブランディング、つまり「スーパーブランディング」が実現できます。

この作品集には、本当に美しい、デザイン性の優れた戸建ての家が多数掲載されました。まさに、「美しい建築にこそ、当社の商品を使ってほしい」という想いが凝縮された作品集になりました。また、コンテストプロモーションと同時期に、建築家から、見積や資料請求などの多数の問い合わせをいただきました。その数は、発売後、約半年で５０００件を超えるものでした。さらに、経営課題であった客単価は、１・4倍まで上がりました。

この結果は、Ｔ社の企画、営業、製造とそれぞれの部署が真剣に取り組んだ努力のたまものです。

こうして、社内のムードは、どんどん前向きになっていきました。

コンテストプロモーションは、同社の「らしさ」が活きる、費用対効果の高い施策として、その後も継続していくことになりました。そして、なんと、その次のコンテストでは、400件を超える応募が来る、人気のプロモーションになりました。当初の5倍以上の応募数です。

T社では、このコンテストプロモーションを、建築家の声を聞く最大の機会としてもとらえています。コンテストの表彰式には、参加者の建築家の方にお集まりいただき、商品への改善要望やアイデアなどをよく聞いて、次の商品開発に活かしています。そして今では、T社の外装建材シリーズは商品点数をさらに増やして、より建築家の方に喜ばれる商品としてシリーズ展開をしています。

さらにその後、T社のこの外装建材シリーズは、グッドデザイン賞も受賞し、業界で注目される立派な「カテゴリーブランド」になりました。

このT社の話は、単にテクニックの結果ではなく、本当に建築家の方々に喜んでほしいという同社の想いがあってこそ、業界やターゲットから共感が得られたものです。その証拠に、T社のこういったイベントには、必ず社長自らが中心となって建築家の方々と接して、意見を聞き、丁寧に対応しています。社長自らが、常に率先して現場に出向いて、お客様の意見に耳を傾けるという会社は少ないと思います。

いつの時代も本物になれるブランドは代表者の行動が他と違います。今後もT社の外装建材シリーズは、想いが強い「カテゴリーブランド」として多くのファンを生み出していくと思います。

第2章　間違いだらけのブランディング「12のチェックポイント」

1　ブランディングができている会社、できていない会社

あなたの会社をチェックしよう

序章では、会社の売上を力強く上げていく「スーパーブランディング」を実現するためには、単にデザイン性を追求するだけでなく、ターゲットが思わず買いたい、欲しいと興味を持ち、行動してしまう、シズル感のある表現をすることが大切であるとお伝えしました。

続いて、第1章では、T社の具体事例を中心に、シズル開発の重要ポイントについて解説いたしました。単にデザイン性や売り方の追求だけでは、シズル感のあるブランディングはできず、売上につながらない、ということがおわかりいただけたのではないでしょうか。

T社の例は、紙面の都合から、ポイントを絞ってお伝えしていますが、実際は、1つひとつのプランニングにかなり時間をかけて取り組んでいます。通常、コンサルティングでは情報収集と考察を繰り返して、半年から1年ほど時間をかけてじっくり取り組んでいます。

さて第2章では、これをお読みのあなたがご自身の会社に当てはめて、「スーパーブランディング」について考えていただきたいと思います。そのためのチェック項目を設けましたので、ご自身の会社に当てはまるところだけを読んでいただいてもよいと思います。もし、あなたの会社がブランディングで売上アップを考えるなら、チェックに当てはまる項目は、避けて通れない課題になります。

それでは、さっそく図表1の項目に当てはまるものがあるかチェックをしてみてください。

〔図表1　チェック項目〕

①　ホームページからの新規客の問い合わせはほとんどない
②　新しい法人顧客の開拓はベテラン営業マンに任せきりになっている
③　会社案内などパンフレット類は新規開拓にさほど活用していない
④　新商品の発売をきっかけに、新しい取引先の店頭に並べてもらったが売れない
⑤　せっかくつくった自社商品がまったく売れずに在庫の山になってしまったことがある
⑥　新しいお店を出したが、人はたくさん通るのになかなか入店してもらえない
⑦　ホームページやパンフレットは、同業他社とそれほど変わらない
⑧　新事業や新商品に挑戦するが、いつも価格競争に巻き込まれる
⑨　他社がやっていることを真似するのは得意だが、新しいものを生み出すのが苦手
⑩　これまでに広告や販促にも挑戦してきたがパッとしない
⑪　たまに売上に貢献する商品が生まれるが成功確率がきわめて低い
⑫　どうすれば商品やサービスが売れるか市場原理を考えたことはない

いかがでしたでしょうか。
それでは、ここから、チェック項目ごとに見ていきましょう。

2　なぜ、あの会社は、新規客をどんどん開拓していくのか？

① ホームページからの新規客の問い合わせはほとんどない
② 新しい法人顧客の開拓はベテラン営業マンに任せきりになっている
③ 会社案内などパンフレット類は新規開拓にさほど活用していない

これらの項目にチェックが付いた方は、ホームページや、パンフレットなどのブランディングツールにシズル感がなく、うまく活用できていないのかもしれません。もしかすると属人的な営業のみに頼る組織体質になっている可能性があります。

多くの中小企業は、まだまだそのような属人営業の組織体質が多いのですが、現在は60代、70代の社長もホームページを見たり、Eメールをなんなく使用する時代です。もし、あなたが法人の新規開拓などを必要とするのであれば、これらツールを活用しないことは、大きな機会損失につながっています。

あなたのビジネスで、同業者のなかに、ホームページで新規客の開拓を行っている会社は少なからずあるはずです。

もしそれが事実であれば、あなたの会社も同じくホームページを活用した新規開拓を実現できる可能性は非常に高いでしょう。なぜなら同じようなニーズを持つ見込客が、インターネットで取引会社を探しているという事実があるからです。

あなた自身も、何か困り事があったり調べ物があれば、インターネットで解決策を探すでしょう。ご自身がパソコンの操作が苦手であれば、そういったことは若いスタッフにお願いしているという社長もいらっしゃると思います。

その行為こそが、解決策を提示している会社に行き着く手段になります。そしてあなたは、ネット検索で辿り着いた会社の新規客となるのです。

そのような行為が、当たり前の時代になっているということは、あなたの会社も新規客に探してもらえる可能性はあります。

「ホームページなんてものに頼らなくても、うちは営業が強いから大丈夫」

そう言って手を付けない社長もいらっしゃいます。しかしその営業マンにはいくら給料を支払っていますか？　年間で数百万円から、なかには１０００万円を超える給料を払っているという会社もあるかもしれません。それを5年、10年と払い続ければ、当然ですが数千万円の経費となります。

もし、その何分の一かの費用で、新規の大口顧客から引き合いをもらえる、シズル感のあるホームページができるとすれば、あなたはいくら投資しますか？

その投資をするかどうかは、あなたが欲しい理想の新規客が、インターネットを使って情報収集をしているかどうか、その点についてよく考えてもらえば、おのずと答えが出ます。

営業マンを助けるブランディングツール

また、新規の営業先で、営業マンがプレゼンテーションを行ったあと、その担当者は上司に、あなたの会社のことを報告するかもしれません。

そのとき、ホームページを見られたとしたら、あなたの会社はどう思われているでしょうか？

そこで競合企業以上にシズルを発揮できていなければ、間違いなくその先には進みません。

検討候補になるほど、ホームページを見られる可能性は高いのに、シズル感がないことによって、見送られてしまうのは残念です。

また、営業マン全員が営業に強いということはないと思います。不慣れな営業マンが新規客の開拓の営業に行き、たどたどしく説明をしたとしましょう。もし相手の担当者が、少しでも興味を持てば、ホームページを見るでしょう。

そのときに、しっかりとシズルが発揮できていれば、

「あの営業マンは、新人の方でうまく説明できなかったようだけど、こんなにすごい実績を持っている会社なんだ」

とか、

「へえ、そんなこともできるのかぁ。なかなかこういう会社は他にないなぁ」

などと、他社と比較して、良い評価をもらい、受注につながる確率はグンと上がります。

ところで、詳しくは後半でお伝えしますが、法人顧客開拓で展示会はとても有効です。展示会で

も、シズルが発揮できて集客がうまくいくと、狭いブースに人が押し寄せますから、せっかくの多くの来場者とゆっくり話をすることができなくなります。

その場合、展示会終了後に時間をかけてメルマガなどでフォローしていく必要があります。そのフォロー活動を通じて、あるとき興味を持ったお客様が、あなたのホームページを見てくれたとします。そこでも、ホームページにシズル感がなく、会社や商品・サービスの価値や魅力が伝わらないとすれば、いくらメールでフォローしても、うまく成約につながっていきません。

お店を経営している方や、一般消費者向けの商品を扱っている方はもちろんのこと、法人営業においても、取引したいと思ってもらえる、シズル感のあるホームページは有効です。

もし、あなたが、ホームページを活用した新規客の開拓にこれまで関心がなかったとすれば、ぜひ意識を変えていただき、時間をかけてでも自社の営業活動にプラスになる、シズル感を強く感じられるホームページづくりに挑戦してほしいと思います。

また、前章でもお伝えしましたが、パンフレットもホームページと同様に重要なブランディングツールです。あなたがこれまでに、会社や商品・サービスのパンフレットを活用していないとすれば、機会損失を招いている可能性があります。

ホームページは、基本的には検索してもらえないと目的地に辿り着けないものです。しかし、パンフレットは現物として、対人の営業で確実に渡せます。例えば、あいさつ程度しか時間を取れなかったお客様にも、さっと渡してアピールできます。

シズル感のある魅力的なパンフレットであれば、そのまま決裁権のある上司に渡してもらえます。

さらに相手先が新しい取引先を求めて、何社かにアプローチしている場合は、会議では必ずパンフレット類を持ち出して比較検討します。

もしホームページしかなければ、画面を閉じられたら終わりですが、魅力的なシズル感のあるパンフレットが担当者の机にあれば、話題に上る確率も高くなります。

店舗業でも、シズル感のあるパンフレットは有効です。

新規のお客様には、しっかりとお店のコンセプトや商品・サービスのこだわりを伝えることで、商品・サービスの単品勝負ではなく、お店そのもののファンになってもらえる可能性が高まります。

魅力的なシズル感のあるホームページやパンフレットは、新規客を開拓したり、自社のファンを生み出したりしていくうえで、欠かせないブランディングツールです。

しかし、なんとなくその必要性を感じて、いざホームページ制作会社や、デザイン制作会社などに依頼してつくってみるものの、見た目はきれいになっていても、シズル感がないために、新規客の獲得など、売上につながる効果を感じていないという方もいらっしゃいます。

そのようにブランディングがうまくいかず、売上が上がらない原因は、デザイン制作会社の問題ではなく、その前提となる自社の戦略の詰めが甘いケースがほとんどです。

「スーパーブランディング」に向けた、シズル感のあるツールで効果を最大化するためには、デザイン作業の前に、自社内で、しっかりと戦略的に議論を積み重ねていく必要があるのです。

3　売れなくて困っているときに、考えるべきこと

④　新商品の発売をきっかけに、新しい取引先の店頭に並べてもらったが売れない
⑤　せっかくつくった自社商品がまったく売れずに在庫の山になってしまったことがある
⑥　新しいお店を出したが、人はたくさん通るのになかなか入店してもらえない

さて、続いてこの項目にチェックが付いた方は、少し、お悩み度合いが深いかもしれません。いずれの項目も共通しているのは、せっかくの新しい売上づくりの取り組みが、うまくいっていないことです。そして、せっかくの新しい取り組みも、シズルが効いていないために、ブランディングの効果が得られないことで、お客様の興味関心を得られず、結果として売上につながっていません。

それなりに時間とお金をかけて投資した挑戦が、うまく前に進まないということは、社長の悩みの種になります。中小企業が新しいことに挑戦する場合は、社長がリーダーになっている場合がほとんどですから、失敗するわけにはいきません。

なかには、在庫の山になっても、絶対に売り切ろうという気持ちで相談に来る、気合が入った社長もいらっしゃいます。実際に、在庫の山になった商品を見せてもらうと、売れない原因は、おおよそ見当がつきます。

ほとんどが商品そのものに、買いたい、欲しいと思えるようなシズル感がありません。もちろん相談に来られた社長に、初めから面と向かって、「魅力的ではないですね」と、なかなか言えません。

しかし実際に、社長が売れなくて困っていると相談に来られた会社の商品を見ると、シズル感がなく、魅力が感じられないのです。

そこで、その商品の良さや特徴をいろいろと確認するのですが、だいたいの社長は、自社商品を自分の子どものように愛していますから、その商品を開発した背景や特徴について、どんどん話をしてくれます。

市場の魅力や将来性など、疑う余地のない商品であることを話してくれます。ただ、実際に売り出してみると売れていません。

そのような商品について、現時点で社長が考えている打開策を伺うと、

「こんなに良い商品が売れないのは、宣伝方法が駄目だからだと思います。もっと広告宣伝費をかけたほうがよいと思っています。商品案内チラシをつくったのですが、見てもらえないでしょうか」

そして出されたチラシを見ると、そのチラシもシズル感がなく魅力的ではない、ということをたびたび経験しています。

そのようなシズル感がない商品案内チラシは、掲載されている商品・サービスのターゲットやニーズがピンぼけになっていることが多いです。誰に、何を訴求すべきかわからない商品で、いくらチラシを魅力的に表現しようとしても無理があります。

社長がはまるマーケティングの罠

ある特殊技術を応用してつくった雑貨商品を扱っている会社がありました。

雑貨商品は、その会社が社運をかけてつくった新商品でしたが、せっかく扱ってくれた小売店の店頭で、まったく売れていない状況でした。

ここでも社長に、現状の打開策を伺うと、

「全国の大手小売店にテレアポして、飛び込みで売り込みに行きます！」

という気合の入りようでした。それだけ商品に自信がありました。

しかし、現状、店頭で売れない商品をいくら売り込みにいっても、バイヤーは必ず実績を確認しますので、売れない商品と知れば、扱ってもらえる可能性はほとんどありません。

前述した、どちらのケースも、社長本人は、その商品は素晴らしい、とても魅力のある商品だと思い込んでいることが問題です。

本当にシズル感がある、魅力のある商品であれば売れているはずです。

ここで社長に気づいてほしいのは、チラシや宣伝方法をどうするとか、飛び込みセールスをどうやってやるかという「売り方」の問題だけにとらわれないでほしいということです。

世の中には、「売り方」のみのテクニック本も多いですから、そういった本を読むと、ウェブマーケティングでどうやって集客していこうかとか、チラシを配ったりだとか、セールスの話術でどうやって反応を取っていくべきかという、戦術レベルの話がたくさん書いてあります。

そのようなことで頭がいっぱいになると、つい、そういった戦術レベルの取り組みや改善に、時間とお金を割いてしまいます。

そういった戦術レベルのマーケティング手法に、社長が夢中になってしまわないように気をつけなければなりません。なぜなら、もっと大切な、自社の商品・サービスの戦略のことを見失ってしまいかねないからです。

なまじっか「売り方」がうまくいくと、一時的な集客ができて売上は上がりますが、残念ながらいつまでもその手法での効果は続きません。同業が放っておかないからです。あなたと同じように、同じような「売り方」に力を入れてきます。

インターネット上の世界では、そのようなことがものすごいスピードで繰り返されています。まさに「売り方」の競争です。もちろん「売り方」も大切なことではあるので、すべてを否定するわけではありませんが、重要なことは、考え方の優先順位とバランスです。

あくまでも、競合を圧倒する自社の強い商品・サービス、つまりカテゴリーキラーを持ち続けることが大切です。そのために、既存の商品・サービスは、日々改善を積み重ねていく必要がありますし、もっとお客様に喜ばれる、次の新商品・新サービスを生み出していく必要もあります。

そして、そのうえで「売り方」を考えるのです。

優秀な社長は、「売り方」を、それが得意な部下や外部のプロに任せて、もっと大切な戦略づくりに意識を集中させています。

4　あなたの会社は、「同質化」していないか

⑦　ホームページやパンフレットは、同業他社とそれほど変わらない
⑧　新事業や新商品に挑戦するが、いつも価格競争に巻き込まれる
⑨　他社がやっていることを真似するのは得意だが、新しいものを生み出すのが苦手

さて、⑦⑧⑨にチェックをされた方は、差別化について日頃あまり意識されていない方が多いかもしれません。

差別化の反対は、「同質化」です。そして「同質化」は、「スーパーブランディング」の大敵です。もし、あなたの会社とその他多数の競合企業のホームページと比較してみて、印象としてそれほど大差がない、もしくは自社の良さが際立って伝わっていない、と感じたら、お客様にも同じように思われています。

よくある、シズルが感じられない会社のホームページは、今の時代、ホームページぐらいは必要だと考え、「とりあえずつくった」だけのものです。それを担当した制作会社の実績を見ると、まれに同業で似たような会社のサイトがいくつも出てくることがあります。

同業の会社を手掛けているから安心、ということで、制作会社に依頼されているケースも多いと

思いますが、安心感と引き換えに「同質化」してしまっていないか注意が必要です。「同質化」は、シズル感がありません。そのようなホームページは、大概コストも安く、無難なホームページであるかもしれませんが、新規客を獲得するパワーに欠けます。

そう言われても、なかなか差別化をするのは難しい、という声が聞こえてきそうですが、この差別化という課題に向き合っていかないと、必ず価格競争に巻き込まれてしまいます。

価格競争といっても、突然、経営難に陥ることは少ないでしょう。自社より価格を安くしてくる競合企業が現れるたびに、じわじわと価格を引き下げなければならず、気づいたらまったく利益が取れなくなるばかりか、赤字体質に陥ってしまった、という会社がほとんどです。

さらに、工場などの大型設備を持っていると、稼働を落とすわけにはいかず、赤字でもゼロ稼働にするよりマシと考え、仕事を受けている会社もあります。

もし、あなたの会社がそこまで厳しい状況ではなくても、価格競争に巻き込まれつつあるようであれば、早めに自社の差別化について検討していくことが大切です。競合が攻めにくい領域を見つけて、自社のポジションを確立していくのです。

目の前の短期的な業務に追われるだけで、長期の施策に手を付けないと、本当に痛手を負います。しっかりと短期と長期の両方の対策をしてこそ、会社の長期的な成長が見込めるのです。

前著でも繰り返しポジショニングの重要性をお伝えしましたが、「スーパーブランディング」の成否を握る大切な戦略工程です。長期的な視点を持って取り組んでほしいと思います。

ポジショニングは、3つの視点で考える

ポジショニングには、大きく3つの視点があります。1つ目は、商品・サービスとしてのポジショニングです。これを無視すると、うまく売れていかないだけでなく、「同質化」により価格競争に巻き込まれます。2つ目が、その商品・サービスを束ねている事業としてのポジショニングです。

商品・サービスは、事業コンセプトに紐づくものですから、その事業コンセプトがしっかりとできていないと、どうしても商品・サービスのコンセプトもバラバラになってしまい、外側から見ると、一貫性がなく、ブランディングにもシズルが効きにくくなってしまいます。

そして3つ目が、いくつかのカテゴリーや事業を束ねている会社としてのポジショニングです。

このポジショニングづくりの理解がないままに、思いつきで新商品や新事業に手を出していくと、経営資源は分散していきます。最終的に会社のポジショニングを確立できず、戦略的にポジショニングをつくっている会社との競争には勝てません。

他社がやっている儲かりそうなことを真似してばかりいて、成長ができていない会社は、いつまでも経営資源が分散し続けます。すると、会社のブランディングがうまくできないのはもちろんのこと、10年後、20年後も、ふらふらと地に足がつかないビジネスを続けることになります。

もし、あなたの会社が競合他社と同質化してきている傾向にあるとすれば、ぜひ、長期視点で差別化をつくり、業界内で強いポジショニングを確立していくことを目指してください。時間はかかるかもしれませんが、「スーパーブランディング」を成功させるためにとても重要なポイントです。

5　情報こそが最強の経営資源

⑩　これまでに広告や販促にも挑戦してきたがパッとしない
⑪　たまに売上に貢献する商品が生まれるが成功確率がきわめて低い
⑫　どうすれば商品やサービスが売れるか市場原理を考えたことはない

この項目にチェックが付いた方は、経営資源としての「情報」に少し意識を傾けることをおすすめします。

長年経営をしていくと、時代とともに、お客様のニーズが変化してきたり、同業界だけでなく、異業種から新規参入をしてくる企業が現れることがあります。

そのような変化には、戦略的な打ち手が必要になりますが、社長が、普段から勉強していないと、とても対応できません。あわてて勉強しても、手遅れになることがあります。

そのためには、常に社内だけでなく、社外からの「情報」も取り入れ、変化に対応する備えをしておく必要があります。

とりわけ右記の項目にチェックが付いた方は、自社を成長させるための戦略づくりや、戦術などに関する情報収集をすることをおすすめします。

広告や販促がうまくいかないのであれば、うまくやっている会社はどこか、参考にすべき点はないか、また、それが得意な協力会社はいったいどこなのか、知り合いに頼むという発想だけではなく、情報を収集して、自社にふさわしいパートナーを探すことも大切です。

もちろん知り合いは、信用できるという理由での選定要素にはなりますが、あなたが得たい目的に対して実績を持っているか、その点を重視しながらいくつかの企業を選び、ベストな選択をすることをおすすめします。

ヒット商品を生み出したいのであれば、そのために必要な要素とはいったい何か、どうやって市場をとらえて戦略をつくるのか、大きな投資をする前に、まずはそういったことを学ぶ必要があります。研修やセミナーは探せばたくさん出てきます。

その際には、座学だけにとどまらず、成功体験を持っている社長の話や、実践で指導をして成果を上げている先生の話をたくさん聞くこともおすすめします。

座学だけだと、なかなか腹に落ちないので、伝えている本質は間違っていないのに、印象として、戦略づくりは難しいとか、机上の空論だという結論をつけてしまうことになります。

また、世の中で売れているものを研究することもおすすめです。

例えば新聞だと、日経ＭＪは中小企業の成功事例がたくさん紹介されていますから、そういった新聞を読んで、今、どのような会社がどのようなことをしてうまくいっているのか、最近の消費トレンドはどのようになっているのか、など気軽に情報収集をする習慣をつけることもおすすめです。

競争優位性のつくり方

また、売れる商品を生み出すためには、そのような外部の情報と合わせて、内部で得られる情報も重要です。ここでいう内部というのは、その会社しか知りえない情報です。

例えば、お客様からありがたいクレームをいただいて、その指摘（情報）に真摯に耳を傾けて、改善を繰り返し、社内体制を整え、商品の質やサービスの質を地道に向上させていけば、他社が容易に真似ることができない差別化ができていきます。

まさに、それが「スーパーブランディング」の源泉となります。

現場でしか知りえないニーズをつかんでいくことができれば、それは競合には知りえない最高の情報活用です。うまく活用すれば大きな競争優位性を築けます。

時には、仲の良いお客様が、こっそり競合企業の動きを教えてくれることもあるかもしれません。その情報が、自社に大きな打撃を与えるような競合の動きなどであれば、すぐに戦略的な打ち手を考える必要があるでしょう。

また、小売店や通販など、一般のお客様を対象として日々多くの受注があるとすれば、それはとても大切な情報です。

そのような受注データを活用して、今後伸びていくカテゴリーや大きなニーズを予測するということも可能です。その予測をもとに仮説を立てて、お客様との意見交換会を行うような情報収集も有効です。

また、良いお付き合いをしているお客様に頼んで、まだ市場に出回っていない商品を試していただいたり、店頭に並べて、シズル感を発揮できているか、テスト販売してもらったりすることも有効でしょう。

うまく売れるとわかれば、しっかりと準備をして、一気に販路を拡大できる可能性があります。いずれ競合も追随してきますが、先に販路を押さえれば先行者利益を得られます。

このような、内部でしか得られない情報と、外部から得た情報を参考に、戦略づくりを行っていくことで、戦略の精度は格段に高まります。

こういった外部、内部の情報なしに、自分の思いつきだけで多額の投資をしてしまうことだけは避けてほしいと思います。

資金が限られる中小企業の場合は、戦略の伴わない投資が痛手になって、本業に影響してしまうというケースが多々あります。

もちろん思いつきが悪いのではなく、むしろ発想の起点であり、「こうすれば売れるだろう」という、１つの仮説という意味では重要です。しかし、さらに重要なことは、その仮説を市場原理にもとづいて検証し、本当に投資する価値があるかをよく検討すべきということです。

成長を続ける会社の社長は、常に内部と外部の情報を組み合わせて、勝てる戦略プラン、次の一手を真剣にシミュレーションしています。その戦略の延長線上で、本当の意味で、買いたい、欲しいと思ってもらえるシズルが効いたブランディング、「スーパーブランディング」ができるのです。

当てはまるチェック項目は改善していこう

チェック項目はいかがでしたでしょうか。

1つでも当てはまる項目があれば、それを改善していくことが売上につながっていきます。

一気にすべては改善できないかもしれませんが、1つひとつ取り組んでみてください。

もちろん、時間がかかってしまう項目もあるでしょう。パンフレットにしてもホームページにしても、また商品開発にしても、シズルの効いたブランディングを踏まえてつくろうとしたら、それなりに時間がかかります。

しかし、実はそのことは急がば回れで、つくりあげた後、長期的に見れば必ず収益をもたらします。そして振り返ると、あのとき手を打っておいてよかった、と思うはずです。

多くの会社が、目先の問題解決に追われて、長期的な視点で手を打とうとしません。その取り組みが、自社の競争優位性となる、と頭でわかっていてもです。

時間がかかることは面倒なことでもあります。しかし、それは競合も同様に面倒だと感じていることでもあります。結局は、その面倒なことを避けずに取り組むかどうかで成果が変わります。

さて、次章では、「ブランド」と「シズル」について、詳細に説明してまいります。

なんとなくわかっただけでは成果につながりません。しっかりと理解してこそ行動にも移せます。課題がわかったら、早くブランディングに取り組みたい、と焦る気持ちはわかりますが、ここでは、ブランドの意味やシズルの重要な要素について理解し、実践に移していただきたいと思います。

第3章

あなたの会社に新規客を連れてくる「ブランド」と「シズル」の理解

1　ブランドの意味合いをしっかりと理解する

正しい理解のうえに正しい実践がある

第2章でのチェックは、いかがでしたでしょうか。あなたの会社に当てはまる項目はありましたでしょうか。

もし、本書を読まれているあなたが、中小企業の経営者だとすれば、チェック項目に当てはまるものがあったとしても、あまり落ち込む必要はありません。まずは経営者自らが、課題を認識することがとても大切です。そして、その課題をどう解決していくかについて、このあとも重要なポイントについてお伝えしてまいります。

ここからの第3章では、前半で「ブランド」の意味合いについて、少し学術的な視点から、しっかりと理解を深めていただきたいと思います。

また、後半は、「シズル」について、改めて理解を深めていただきたいと思います。自社のブランディングについて考えるときに、絶対に外してはならない、重要な2つの視点について、「シズル理解マップ」を用いて丁寧に解説します。

今後あなたが、会社のスーパーブランディング、または事業のスーパーブランディング、商品・サービスのスーパーブランディングなどに着手していく際に欠かせない見方をお伝えします。

ブランドは、あなたの会社に関係ない？

「先生、うちには、ブランドは関係ないんじゃないでしょうか？」

以前、コンサルティング先の、ＢｔｏＢ（Ｂｕｓｉｎｅｓｓ ｔｏ Ｂｕｓｉｎｅｓｓ：企業間取引）ビジネスを行っている、業務用資材メーカーの参加メンバーから言われたことがあります。

この質問の意図はわかります。

実は多くの中小企業は、ブランドづくりやブランディングは無縁だと思われています。

その理由の1つは、ブランドという言葉からのイメージです。

ブランド、といえば、高級な服やバッグ、時計などのいわゆるファッションに該当するものや、自動車や家具などでも特に高級なものを一般的には指します。

ましてや、ＢｔｏＢビジネスを行っている企業や、業務用資材などの、あまり一般消費者には目に触れないものは、ブランドとは無縁だと考えられております。

そのため、ブランドは、ＢｔｏＣ（Ｂｕｓｉｎｅｓｓ ｔｏ Ｃｏｎｓｕｍｅｒ：企業対消費者取引）ビジネスで、かつ高級商品を指すイメージが強くあります。

しかし、ブランドの正確な意味を知ると、一社も漏れず、どんな企業も、ブランドづくりやブランディングに取り組む必要性があることがわかります。

むしろ取り組まなければ、競合他社に埋もれてしまい、価格競争に陥り、粗利益率が低迷し、会社経営が厳しくなるばかりです。

ブランドの本当の意味とは

それでは一体どのような意味を持つのでしょうか?

アメリカのマーケティング協会が「ブランド」を次のように定義しています。

「ある売り手の財やサービスを、他の売り手のそれと異なるものと識別するための名前、用語、デザイン、シンボル、およびその他の特徴」

つまり、自社のものと他社のものとを区別するために、何らかの言葉やデザインを施したもの、がブランドの意味となります。

古くは、飼っている牛に焼き印を押す、BURNEDが、BRANDの語源とされ、他の農家と、自分が飼っている牛と、識別するためのものから意味合いが生まれたとのことです。

しかし、この定義づけにおいては、他の会社や商品と、識別されさえすれば、ブランドになりえるのか、といったらそんなことはありません。

これに関しては、ブランド論で有名な、現在ダートマス大学の教授、ケビン・レーン・ケラー氏が、次のように定義づけを行っております。

「自社の製品を識別し、他社の製品と差別化するために、ブランド要素と呼ばれる、名前、ロゴ、シンボル、キャラクター、パッケージ、スローガン、などを適切な形で伝達すること」

この定義に出てくるキーワードは、「差別化」です。つまりは識別できることもさることながら、差別化したものとして、自社の商品ないしは会社自体を伝えていくことが、ブランドとして認知されることになるのです。

日本でもブランドづくりを専門とする方々が、ブランドの意味として、「信頼」とか「絆」とか、その会社や商品を表現する「キャラクター（ここでは象徴のような意味）」などと伝えていることがあります。

この場合は、ブランドの意味、というよりも、むしろブランドづくりをしていく1つの目的としてとらえることができます。

自社の商品を他社の商品と識別し、自社の商品が差別化された商品として認知されることによって、結果として、自社の商品に対して「信頼」を得られたり、「絆」を感じてもらったり、その業界や市場の1つの象徴としての「キャラクター」になったりすることがあります。

目的と意味を間違ってとらえてしまうと、結局ブランドづくりに対して何をすればよいのか、ということがわからず、行動に移せません。

特に、経営者には、「ブランド」の意味を正確に理解して、経営に取り入れる意識を持ってもらう必要があります。

また、そもそも会社を経営していくにあたっては、「差別化」を意識していくことも大切です。

「差別化」とは、顧客に受け入れられ、かつ競合よりも優れた「違い」を、自社の商品やサービスに見出すことです。その「違い」によって、お客様に選ばれる商品やサービスとなり、売上や利益も上がっていくのです。

ブランディングは「社員のため」という誤解

また、次のような問いかけも過去にありました。

「先生、ブランドづくりは社員のためにありますから、社員向けに訴求を考えていけばよろしいんじゃないですか?」

この方のおっしゃることもわからないではありません。

最近、ブランドの効果として社員のモチベーションや結束に寄与していることがわかっています。

もちろん、コーポレートブランディングと呼ばれる企業のブランドづくりを行う場合は、社内向け、ないしは採用のために、ブランドづくりを進めるケースも多々あります。

例えば、社内向けにはインナーブランディングと言ったり、社員の獲得には採用ブランディングと称して、会社のブランドづくりを行う専門の会社などもあります。

また、経営理念や行動指針をまとめたクレド（企業の信条などを記したカードなどのツール類）をつくって、素敵なデザインをほどこし、ブランディングと称しているケースもあります。もちろん、それを行うことによって、組織全体のモチベーションが上がるなど、目的が間違っていなければまったく問題ありません。

しかし、先ほどご紹介したブランドの定義づけから考えると、ブランディングの目的は、社内向けということにはなりえません。

前述の通り、アメリカのマーケティング協会はブランドの定義を、

「ある売り手の財やサービスを、他の売り手のそれと異なるものと識別するための名前、用語、デザイン、シンボル、およびその他の特徴」としております。

また、ダートマス大学の教授、ケビン・レーン・ケラー氏による定義づけは、「自社の製品を識別し、他社の製品と差別化するために、ブランド要素と呼ばれる、名前、ロゴ、シンボル、キャラクター、パッケージ、スローガン、などを適切な形で伝達すること」です。

この定義を前提とした場合には、ブランドづくりの目的とは、第一義に、顧客向けに行うべきだと言えます。自社の製品を識別し、他社の製品と差別化するための理由とは、あくまでも顧客向けであり、顧客にとって識別され差別化するためのものでなければ、ブランディングは意味をなさないということになります。

この顧客向けのブランディングの結果として、何をしている会社かが明確になり、顧客を惹きつけるブランドになり、同時に自社にとって適切な人材の採用ができたり、全社員の意識を１つにまとめたりする効果が期待できるのです。

私は、このことからさらに一歩進め、ブランディングとは何をすることなのかを考えてきました。あえてマーケティングの意味合いと分けてとらえると、ブランディングの活動をよく理解していただけるのではないかと考え、このことについて、次にお伝えしてまいります。

マーケティングとブランディングの違いとは

マーケティングとは、顧客に対して価値を生み出し、その価値を届けていく活動です。

そのために、ターゲットやニーズの分析、そして競合の分析などから商品やサービスを開発していきます。

さらには、それらをどのようにターゲットに届けていくのか、プロモーションや営業などの活動がここに関わります。

一方で、ブランディングとは、顧客に、より価値が高いと感じてもらうための活動だととらえます。

このように考えると、向かうべき「ベクトル」が違うのがわかります。

それでは、

「顧客に、より価値が高いと感じてもらうためには何をすべきか？」

という疑問が生まれるでしょう。

それがまさに、前述したダートマス大学の教授、ケビン・レーン・ケラー氏が、ブランドの定義とした、「ブランド要素と呼ばれる、名前、ロゴ、シンボル、キャラクター、パッケージ、スローガン、などを適切な形で伝達すること」なのです。

このブランド要素を適切な形で伝達することこそが、ブランディングにおいて重要な活動となります。

そして、次の図表2にもとづいて、もう少し詳しくご説明いたします。

〔図表２　マーケティングとブランディングの違い〕

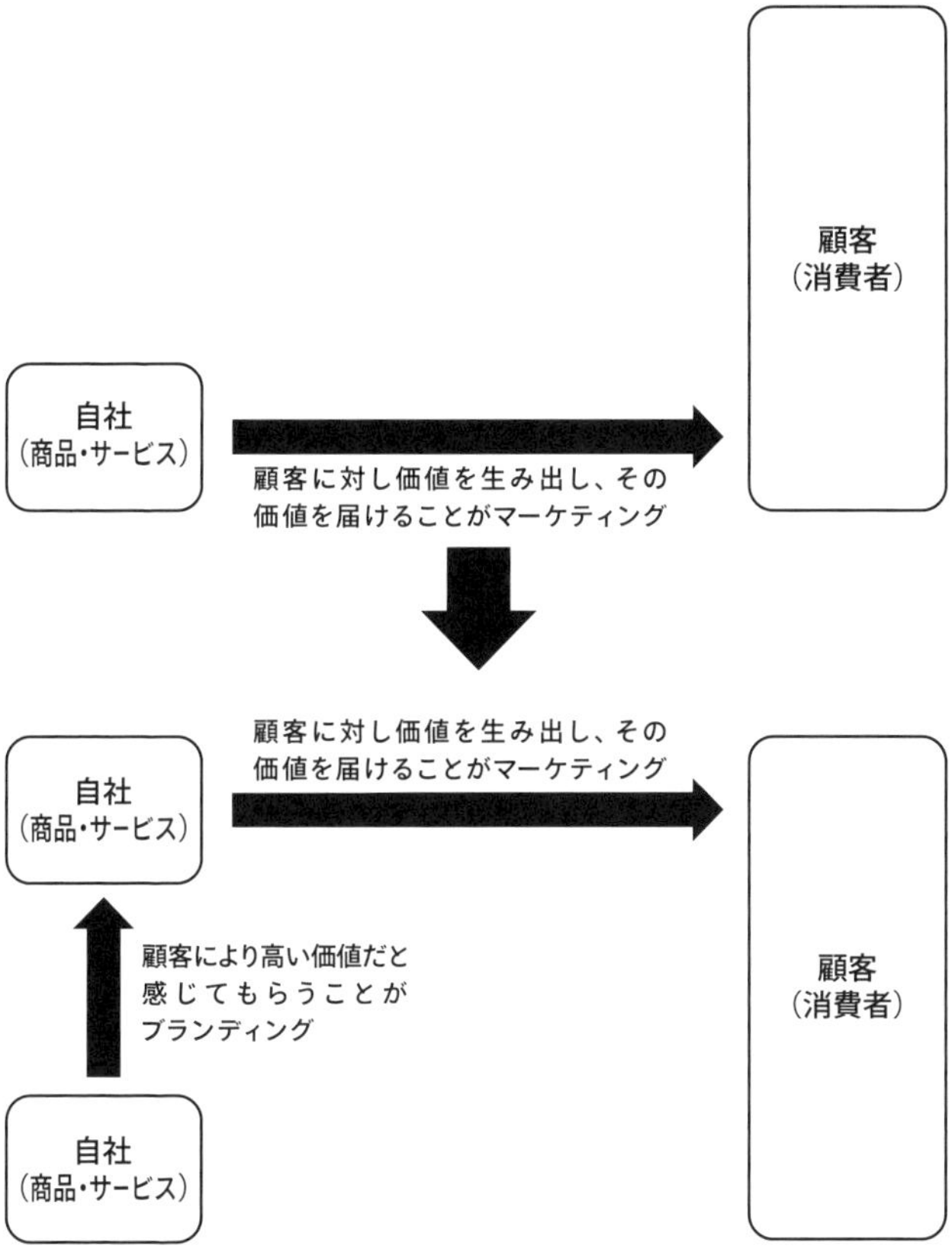

ブランディングで顧客に、より高い価値だと
感じてもらうことが大切！

競合に先んじられるリスク

●マーケティングとは、適切な顧客に商品やサービスの価値を「生み出して届ける」ための活動
●ブランディングとは、適切な顧客に商品やサービスの価値を「高いと感じてもらう」ための活動

この違いを理解することが、売上、利益を上げていく視点として、とても大切です。

マーケティング視点のみによって、ただいたずらにモノを多く売ることに終始し、価格競争に陥り、顧客にとって価値の感じられないモノになると、売上が上がっても利益は上がるでしょうか。

さらに、競合他社との違いがわからず、購入されない、選ばれないという結果になり、売上だって下がることもあります。

重要なことは、しっかりと商品価値を高いと感じてもらうためのブランディング視点を持つことです。

それによって、より購入されやすくなり、より高く買ってもらうことが可能になります。

改めて、このことを前ページの図表2を使って説明すると、順番は次の通りとなります。

まずは、基本的に価値を生み出していく作業は、マーケティング活動と呼ばれるものです。ターゲットやニーズなどの顧客視点を持ち、競合環境も考えながら、自社の商品やサービスのポジショニングを行います。

そのマーケティング活動を行った上で、ただ売ろうとするのではなく、いかにして、そのターゲットに価値が高いと感じてもらえるか、どのような活動をすれば価値が高いと感じてもらえるのかを

考えます。

これがブランディング活動です。

そのうえで、プロモーションや販売促進、営業などを行っていくのです。

そして、価値が高いと感じてもらうための活動として何が大切かというと、ターゲットに、競合の商品やサービスと、自社のものとを識別してもらうための、ブランド要素を検討することです。

このプロセスなしに、新規客に価値が高いと思ってもらうことは不可能です。

ブランド要素については、このあと記載してまいりますが、まずもって、顧客に価値が高いと感じてもらうための活動をしていくことこそが、ブランディングだということを認識していただきたいと思います。

それでもブランディングは当社に関係ない、と考える方もいらっしゃるかもしれません。

しかし、もし同じような商品やサービスを提供している競合が、このブランディング視点に気づき、先んじて取り組まれたらいかがでしょうか。

そして、ターゲット顧客に、競合のほうがより価値が高いと認識されてしまうことになったらいかがでしょうか。

そうならないためにも、いち早くブランディングを取り入れる必要があります。

では一体どのようにすれば、顧客により価値が高いと感じてもらえるような、シズルが効いたブランド要素を創り出すことができるのかについて、解説していきます。

2 「シズル」を生み出すために欠かせない、2つの重要ポイント

「シズル」の意味とは

改めて、「シズル」とは何でしょうか？

前述したように、シズルの本来の意味は、ステーキなどがおいしそうにジュージューと音を立てている様子を指します。広告業界では、シズルの意味合いはもう少し広く、お客様の買いたい、欲しいという気持ちをかきたてることとして使われます。

このお客様の買いたい、欲しいという気持ちをかきたてていくためには、そもそも、お客様にとって価値のある商品を生み出すこと、そして、適切な場所や適切なプロモーション活動によって、お客様のもとへ届けるまでの全般的なマーケティング活動が必要になります。

しかし前項でもお伝えしたように、ただ価値を生み出して届ける活動を行っても、お客様の買いたい、欲しい、といった購買意欲をかきたてることは難しいです。

それを実現させるには、お客様に魅力的に伝わる表現の工夫が必要になります。ではその工夫とはどのようにすればよいのでしょうか。

ここからは、あなたが今後シズル感のあるブランディング、「スーパーブランディング」を実践していくために、絶対に外してはならない、2つの重要ポイントについて詳しく解説をしていきます。

ブランドの定義から見えること

前述したように、アメリカのマーケティング協会によるブランドの定義とは、「ある売り手の財やサービスを、他の売り手のそれと異なるものと識別するための名前、用語、デザイン、シンボル、およびその他の特徴」です。

また、ダートマス大学の教授、ケビン・レーン・ケラー氏によれば、ブランドとは、「自社の製品を識別し、他社の製品と差別化するために、ブランド要素と呼ばれる、名前、ロゴ、シンボル、キャラクター、パッケージ、スローガン、などを適切な形で伝達すること」です。

これら2つの定義からわかることは、識別し、差別化するためには、ブランド要素が必要だということはお伝えした通りです。

ここでいうブランド要素とは、前述の定義から、名前、用語、デザイン、シンボル、ロゴ、キャラクター、パッケージ、スローガン、などが該当します。

そして、このブランド要素は、大きく2つに分けることができます。

1つは、「言葉」、

もう1つは、「ビジュアル」

です。

ブランドになるかなれないかを分かつ、2つの重要ポイント

「言葉」は、名前、用語、スローガン、に当たります。

「ビジュアル」は、デザイン、シンボル、ロゴ、キャラクター、パッケージ、に当たります。

実は、この「言葉」と「ビジュアル」の2つの要素をコントロールすることこそが、まさにシズル感を出すことであり、お客様の買いたい、欲しいをかきたてることにつながるのです。

この「言葉」とは、人間が視覚に頼らずとも、聴覚によって認識し、理解し、何かしらの媒体を介さず、人から人に伝えることのできる唯一の道具です。

一方で、「ビジュアル」は、視覚から入る情報です。

「百聞は一見にしかず」、「見た目が9割」と言われるように、聞くことよりも見ることによって、人間の脳に鮮明に記憶されます。

それだけ重要な「言葉」と「ビジュアル」です。

私はこれまで10年以上にわたって、毎月開催している自社開催セミナーや、外部の講演活動などを通じて、その重要性を訴え続けてきましたが、中小企業の経営者に心から理解してもらうのは、そう簡単ではありません。

そこで今回は、しっかりと「言葉」と「ビジュアル」の、2つの重要性を認識してもらうために、図として整理しました。

それが、次ページの図表3に示した「シズル理解マップ」です。

〔図表3　シズル理解マップ〕

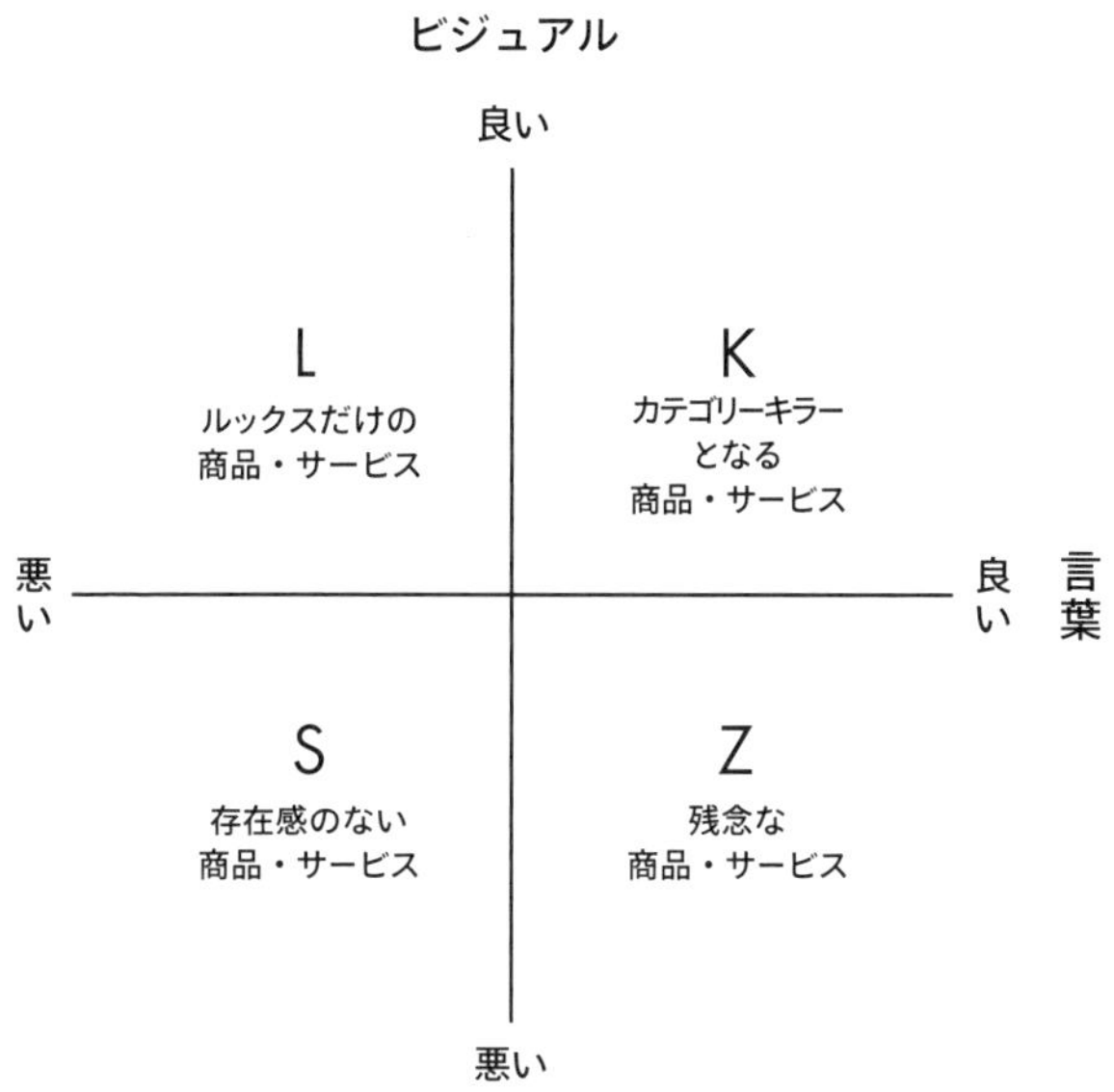

「シズル理解マップ」とは、「言葉」と
「ビジュアル」の２つの要素で成り立つ

「言葉」と「ビジュアル」には優先順位がある

ところであなたは、この「言葉」と「ビジュアル」の2つの要素は、どちらが優先度が高いと思いますか？

おそらく「ビジュアル」のほうが、よりインパクトが強いと思われる方も多いでしょうが、実は、「言葉」のほうが大切です。

意外と思われた方も多いのではないでしょうか？

モノが広まるとき、やはり一番強いのが、人から人へ伝わる口コミの威力です。

売り込まれると警戒している企業からの情報よりも、信頼のある友人や知人からおすすめされたほうが、購入に至りやすいことは、皆さんもご経験でおわかりなのではないでしょうか。

その口コミは、「言葉」で成り立ちます。

説明に苦慮するような「言葉」では、人から人へは伝わりません。

例えば、あなたがたまたま入店した飲食店で、とても美味しくて感激をしたとしましょう。そんなときは人に伝えたくなるものです。しかし、そのお店のネーミングが難しい漢字で、記憶できないとすればどうですか？　口コミには絶対になりません。ネットで検索もできません。

ですので、わかりやすく端的に伝わる「言葉」が重要なのです。もちろん、ウェブや動画などが広く使われるようになった昨今、「ビジュアル」も決して無視できないものです。

この2つの要素をコントロールしてこそ、魅力的に伝わるブランドになるのです。

「シズル理解マップ」の4つの分類について

115ページの図表3のシズル理解マップに従って、もう少し詳しく確認してまいりましょう。

まずは、「言葉」と「ビジュアル」の2軸を立てて、それぞれ、「良い」と「悪い」とします。

「言葉」が「良い」とは、ターゲットであるお客様に伝わる、魅力的な言葉である、ということです。

また、「ビジュアル」が「良い」とは、素敵でインパクトのあるデザインなど、見た目が良いということです。感性による部分もありますが、ターゲットのお客様に響くものになっているかどうかが大切です。

一方で、「言葉」が「悪い」とは、そもそも言葉として表現していなかったり、ターゲットに魅力的に伝わらない言葉になってしまっているということです。「ビジュアル」が「悪い」というのも何か見た目として表現されていなかったり、あったとしても魅力的ではないデザインのことを指します。

そして、それを4つに分類します。

①「言葉」が悪い、「ビジュアル」も悪い→S：存在感のない商品・サービス
②「言葉」が良い、「ビジュアル」は悪い→Z：残念な商品・サービス
③「言葉」が悪い、「ビジュアル」は良い→L：ルックスだけの商品・サービス
④「言葉」が良い、「ビジュアル」も良い→K：カテゴリーキラーとなる商品・サービス

それでは、ここから次項以降は、この4つの分類についてそれぞれ見てまいりましょう。

まずは、①の「S：存在感のない商品・サービス」から確認していきます。

3　使ってもらえればわかる、食べてもらえればわかると嘆く企業

存在感のない商品・サービス（S：SONZAIKANNONAI）

「先生、お客さんが、うちの商品のパッケージを見るなり、試飲もしてくれないんです」

ある飲料メーカーの社長が、百貨店のバイヤーに商談に行ったときの話です。味に自信があったその社長は、がっくり肩を落として、当社に相談に来ました。

こういったご相談は、本当に多くあります。

これは、サービスでも同じで、「当社のサービスを使ってもらえれば、その良さを理解してもらえるのですが、試用もしてくれません・・・」とお話される方もいます。

このような話を聞くたびに、残念な気持ちになります。

実際に拝見すると、商品そのもの、例えばパッケージデザインから、その商品の良さがまったく伝わってきません。

また、サービスであれば無形のものである以上、それを伝えるためのパンフレットなど、特に重要な説明資料からも、その良さがまるで伝わってきません。

その商品やサービスの魅力が、パッケージやパンフレットなどから伝わってこないのでは、買い手も、手に取ろうとしません。

〔図表４　シズル理解マップ〕

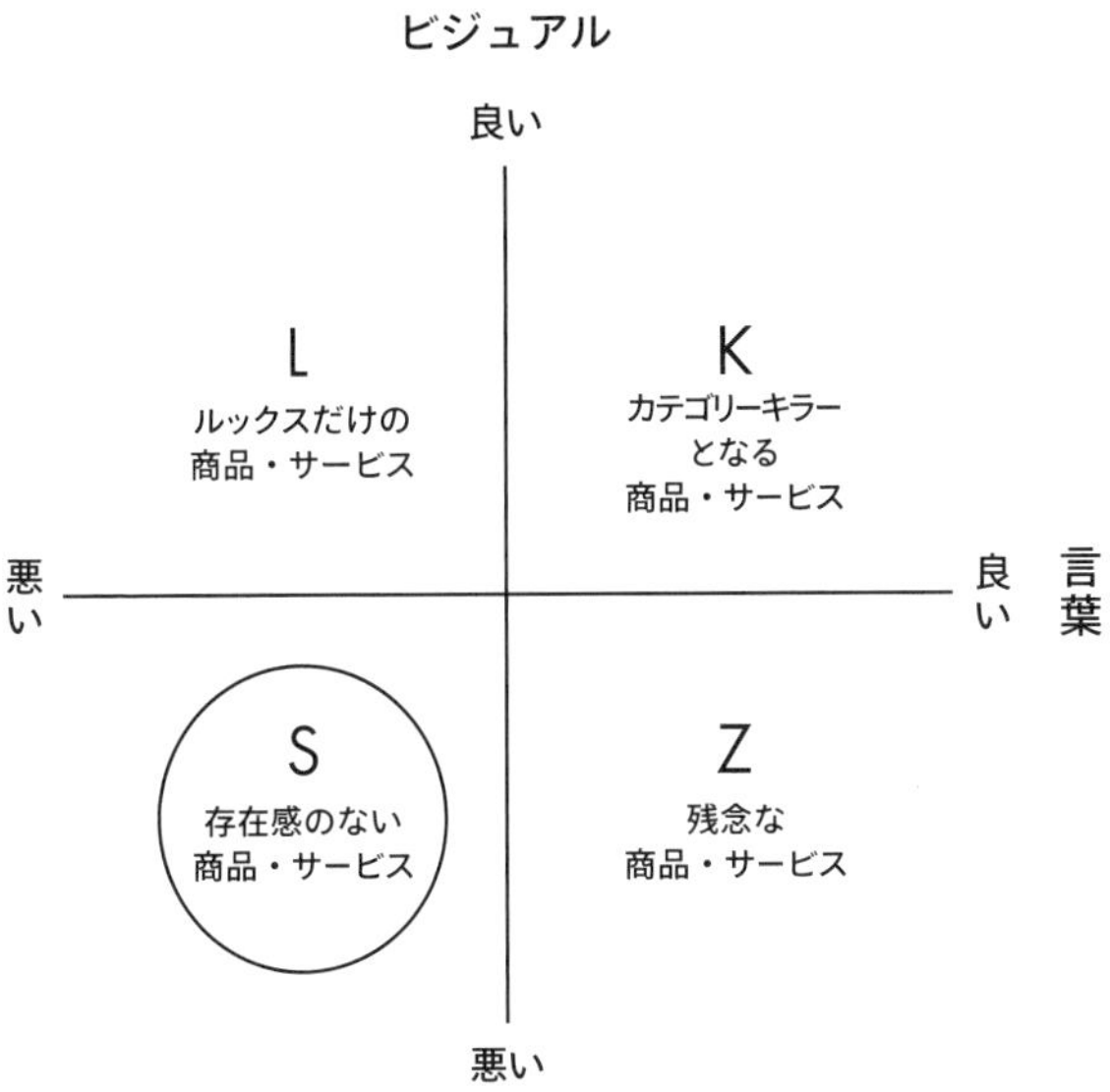

①「言葉」が悪い、「ビジュアル」も悪い

→S：存在感のない商品・サービス

存在感のない商品・サービスがあふれる日本

序章でもお伝えしましたが、残念ながら存在感のない商品やサービスが日本中にあふれています。そして、その商品やサービスが魅力的に伝わっていないことや、そのことがお客様に購入してもらうために大切であることを認識できない方も多くいます。

少なくとも本書を手に取っていただいている方は、魅力的に伝えるためのブランディングが課題であるということを認識されています。

本当は、その課題認識さえもできていない方に気づいてほしくて、本を書いているのですが、その大切さがなかなか伝わっていかない、もどかしさを感じます。そのためには、これからも私たちの努力が必要なのだと思います。

これまで、どれだけの商品やサービスが開発されて、結局、日の目を見ずに、ひっそりとなくなっているのでしょうか。

多くの場合、食品であれば、食べれば本当に美味しかったり、サービスであれば、使ってみれば本当に良いサービスだったりするのに、です。

つくり手がこだわってつくっていることが、本当に伝わってくるものもあります。話をじっくりと聞くと、そんなにすごい商品なんだ、ということがよく理解できます。

しかし、シズル感がないために、その商品やサービスの良さが一瞬で伝わらず、本当にもったいない、と感じてしまうことが多々あります。

お客様は、そんなにゆっくりと時間を取って理解してくれようとはしません。一瞬で、その商品の良し悪しを判断し、他のものへと目移りし、本当に自分が必要だと思うものを選びます。

おそらくつくり手も買い手になると、この行動を自然としているはずなのですが、ことつくり手、売り手になると、お客様の視点を忘れてしまい、商品やサービス開発には力を入れるものの、お客様に魅力的に伝えようとすることを怠ってしまいます。

試食やお試しなどで使ってもらったり、食べてもらう機会を増やす活動は大切です。その体験によって、広まる機会もあるからです。

しかし、そもそもお試しをしてもらうこと自体も、商品やサービスの価値が魅力的に伝わらないとなかなか興味を持ってもらえません。

無料が当たり前のように、どこでもかしこでもプロモーション手法として使われてしまう昨今、そのことに魅力を感じることも少なくなっています。

ですから、お試しなどのプロモーションを行う前に、商品・サービスそのもののシズルを徹底的に考えて、ブランディングしていく必要があるのです。

ＢｔｏＢ（Ｂｕｓｉｎｅｓｓ ｔｏ Ｂｕｓｉｎｅｓｓ：企業間取引）の場合、特に気をつけなくてはいけないのは、新規の商談で会ってくれるチャンスが少ないということです。

会社や商品を紹介して、魅力がないと一度でも思われたら、２回目に会ってくれる可能性はかなり低くなります。そのために、できる限り初回から魅力的に伝えていく工夫が必要です。

文化の違いからくる日本の企業がダメな理由

マーケティングやブランディングという商売柄、海外へ行く機会があります。

以前、アメリカで開催された食品系の展示会へ視察に行ったことがあります。大きく陣を取っている有名な企業から、本当に狭く小さなブースで展示している、まだスタートアップのベンチャー企業・中小企業などさまざまな規模の会社の商品が並んでいます。

それらを視察して気づくことがあります。

それは、日本で行われる展示会との違いです。日本では大企業の展示会ブースは、お金もかかり、豪華にアピールすることを意識されてつくられています。

しかし、中小企業はどうかというと、そのブースはなんとも地味で、パッとしない飾り付けと商品サンプルが乱雑に置かれている様子を目にします。スタッフもつまらなそうに立っていたり、椅子に座って横のスタッフと話をしています。

しかし、アメリカの展示会では、小さな企業のブースでも商品を絞り込み、しっかりとその価値や良さが伝わるように、「言葉」や「ビジュアル」を工夫して、本当に価値あるものとしてのアピールが上手です。ふらっと寄ったブースの女性担当者は、おそらく社長なのだと思いますが、目をキラキラと輝かせて、必死に商品をアピールしてきます。

これらの違いは、商品の良さをいかにして魅力的にアピールするか、その姿勢があるのかないのかの差なのだと思いました。

おそらくアメリカの文化として、個という自分をいかにアピールするか、という教育を受けてきたから、また欧米でこれまで培われてきた文化との違いがあるからでしょう。

一方で、日本の文化は、どちらかというと謙虚、あまり目立たずに、出る杭になって打たれないような文化で、成り立っているところがあります。

個人レベルで見ると、それは美徳としての良さがありますし、どちらが良いとか悪いとかを結論づけるつもりはありません。

しかし会社や商品は、それではいけません。

目立ってなんぼ、売れてなんぼの世界です。

もちろん人を不快にさせるような下品な方法までとって目立てばよいということではありません。

ただ、人の目を引くようなアピールができていなければ、その存在はないのと同じだということを言いたいのです。

せっかくつくった商品・サービスが埋もれて、相手にされないのは悲しくありませんか？

良いものを良いものとして理解してもらいたい、扱ってもらいたいと思いませんか？

119ページの図表4にある通り、この項で伝えたい、
①「言葉」が悪い、「ビジュアル」も悪い→S：存在感のない商品・サービスとは、残念ながら、「言葉」が魅力的に伝わらない、「ビジュアル」も魅力的に伝わらないことによって、その商品やサービスの存在が、お客様に認識されていないことなのです。

採用された飲料メーカーの商品

さて、本項の冒頭でご紹介させていただいた飲料メーカーの社長が、「先生、お客さんが、うちの商品のパッケージを見るなり、試飲もしてくれないんです」と、百貨店のバイヤーに商品採用を断られてしまったことをお伝えしました。

その後、商品の差別化から見直して、大幅にブランドリニューアルをしました。

ここでも、商品名やパッケージのデザイン、またパンフレットなどの各種ツールも見直しました。

それから数ヶ月経って、社長から報告を受けました。

「あの後、百貨店のバイヤーと商談に行ってきましたが、その結果、商品が採用されました！ありがとうございます。商品をパッと見て、パンフレットなどもお見せして、商品コンセプトを説明したところ、そのバイヤーが、採用したい、と言ってくれたのです！　まだ試飲はしてくれていないのに・・・」

結局、試飲もせずに百貨店のバイヤーが採用してくれた、とその社長は苦笑していました。

いかがでしょうか？

商品・サービスの価値がまったく魅力的に伝わらないということは、キツい言い方をすれば、ないものと同じ、つまり、「存在感のない商品・サービス」だということです。

いま一度、自社の商品・サービスは「言葉」や「ビジュアル」が魅力的かどうかを確認してみてください。

4　コトバばかりに頼ってはブランドになれない

残念な商品・サービス（Z：ZANNENNA）

「言葉」は、最も重要なブランド要素です。

しかし、「言葉」だけでは、ブランドにはなれません。その理由については後述します。

「言葉」と聞くと、非常に抽象的ですが、具体的には、ネーミングやタグライン、スローガン、キャッチコピー、ボディーコピー、商品説明の文章など、目に触れるあらゆる「言葉」のことを指します。

この中でも、特に大切なのが、ネーミングとタグラインで、これらは、ブランドの中核要素といっても過言ではありません。

なぜ中核要素か、それは名が体を表すように、何者かを説明する際には、必ずネーミングである名前や、それを端的に説明するタグラインが必要になるからです。

ネーミングとは、会社名、商品名、サービス名、などの名前です。

第１章でも少し触れましたが、タグラインとは、ネーミングを補完する言葉です。ターゲットに対して、機能やベネフィット（ターゲット顧客にとっての便益）、または感情などを揺さぶるような言葉で、わかりやすく端的に伝えていくための文章のことです。

次の具体例を出すと、比較的、理解しやすいです。

ダイソン、といえば・・・、
掃除機ですね。ダイソンというのは、会社名でもありますが、掃除機の1つのブランド名として、認知されています。

そして、現在のタグラインとは異なっていますが、かつてダイソンが登場したときに、次のタグラインがCMなどを通じて連呼されていました。

「ダイソン。吸引力の変わらない、ただ1つの掃除機」

覚えていらっしゃいますか?

「吸引力の変わらない、ただ1つの掃除機」

この言葉が、インパクトを持って世の中に広まりました。

この言葉は、まさにベネフィットと競合他社との差別化部分を言い当てた言葉で、素晴らしいタグラインです。

このインパクトによって、どれだけの消費者がこの掃除機を購入したでしょうか。

実は、本来の呼び名として商品の機能面を言い表した言葉は、「サイクロン式掃除機」でしょう。

しかしこの言葉を消費者に伝えても、そのベネフィットや差別化は伝わらないですよね。

また、「ダイソン」だけでも伝わりません。

タグラインは、このネーミングを補完させる言葉であり、この表現を洗練させることが言葉づくりにおいて、とても大切になります。

〔図表５　シズル理解マップ〕

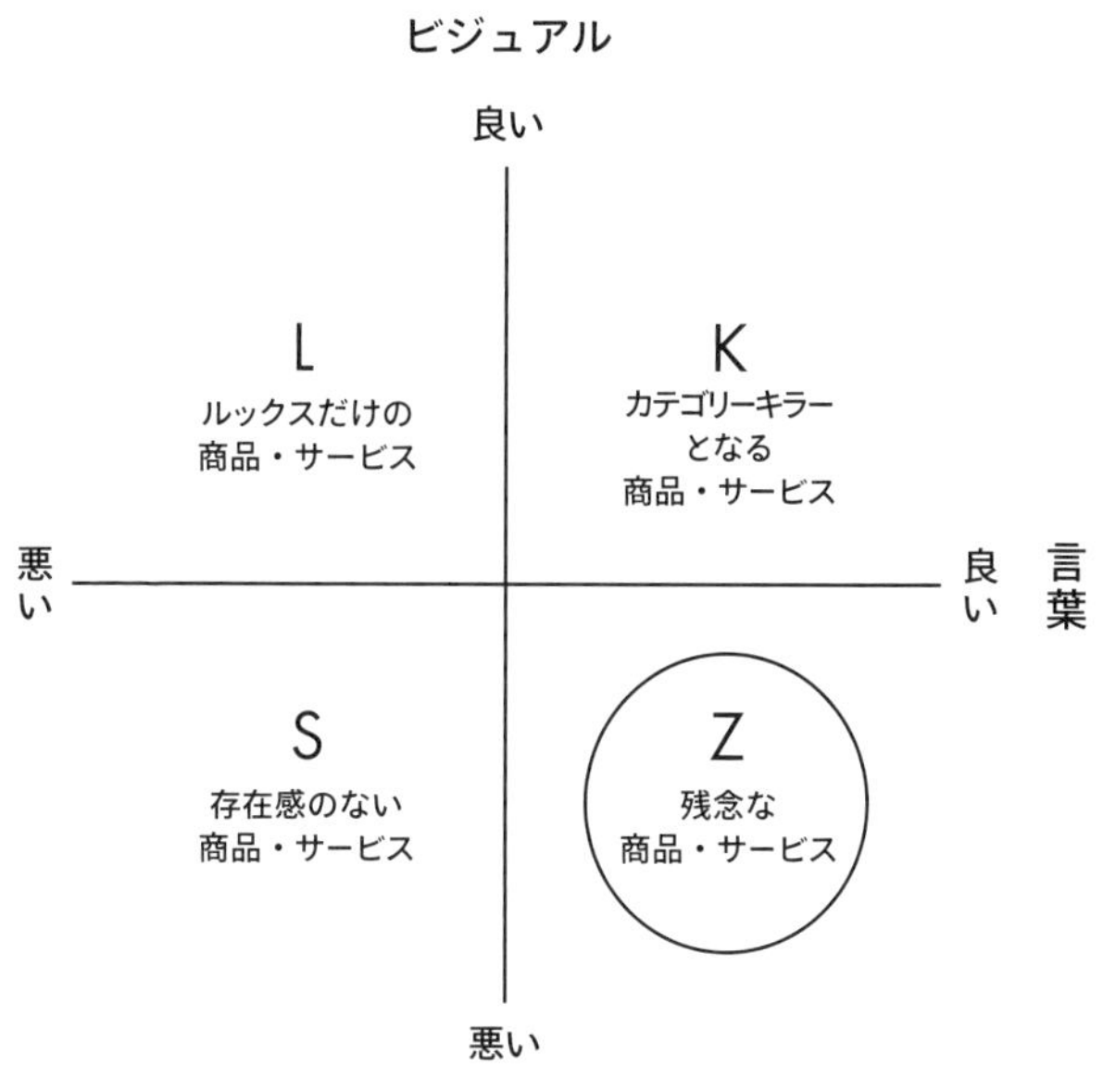

②「言葉」が良い、「ビジュアル」は悪い
→Z：残念な商品・サービス

まずは、ネーミングから考えよう！

先にタグラインの具体例からお伝えしましたが、実はタグラインよりも、大事なのがネーミングです。

当社では、これまで多くの商品開発やサービス開発、またブランディングをお手伝いしておりますが、このネーミングについて、神経を尖らせて、こだわって開発している会社は残念ながら多くありません。

ネーミングの重要性をお伝えしても、中身が良ければ買ってもらえる、と本気で信じている方は、なかなか理解してくれません。

第1章で少しご紹介しました生活家電のコンサルティングをしたときには、それまで製品番号を名前として付けるのが一般的でした。家電商品全体をくくるブランド名はあったものの、カテゴリーごとでの商品個別のブランド名はありませんでしたので、これを改善しました。

また、緑茶の茶葉を製造しているあるメーカーは、茶葉のパッケージに載せている商品名として、大きく「緑茶」と書いてありました。普通に考えたら、「緑茶」と書いてあって何が悪いの？　というように思われるかもしれません。しかし、個人個人の人間の名前に、「人間」、と書かれているように、そのカテゴリーそのものを示す言葉があっても、個を識別できませんよね。

パッケージに「緑茶」というカテゴリー名を示すこと自体は問題ではありませんが、商品固有の名前を付けなければ他の商品と識別できず、その他大勢の商品になってしまいます。

サービスにもネーミングを付けよう！

サービスという目に見えないものを扱う会社の場合、商品を扱う会社よりも、この名前を付ける意識がさらに希薄になりがちです。

例えば、ある情報サービスを提供している会社では、それまで事業としてくることのできるネーミングを持たずに、営業活動をしておりました。

しかし、お客様に対して何屋であるかを一言で伝えられず、自社のやっていることがなかなか伝わらず、サービスが広がりませんでした。

一部のトップ営業マンは、これまでの経験で、頭の中にサービスの全体感や、何をどのように伝えていけば、お客様に端的に自社のサービスを理解してもらえるかが、わかっています。

しかし、その下の営業マンや新人営業マンはそれができず、なかなか育ちませんでした。

当社がコンサルティングするなかで行ったことは、そのトップセールスマンの持つノウハウや知恵を体系化して、そのノウハウごとに名前を付けると同時に、事業としてくることのできるサービス自体のネーミングを付けることでした。

さらに、その見える化されたノウハウの体系を、パンフレットに落とし込みました。

その結果、新人営業マンでも、お客様に自社のサービスを伝えやすくなったのと同時に、パンフレットだけでも一人歩きして営業ツールとして活躍してくれました。その結果、業界の中で際立ったサービスとしてブランドが確立され、その会社は過去最高の業績を達成することができました。

ネーミングで躍進した商品

これから紹介する事例は比較的有名ですので、ご存じの方もいるかもしれませんが、商品名を変えることで売上を大きく伸ばした商品があります。

レナウンは、サラリーマン向けに「フレッシュライフ」というネーミングで靴下を販売していましたが、「通勤快速」という言葉をもじって、商品名を「通勤快足」に変えたところ、メディアに取り上げられ、売上を大きく伸ばしました。

伊藤園は、日本で初めて開発した缶入りの緑茶を、もともと「缶入り煎茶」というネーミングで販売していました。その「缶入り煎茶」のCMで、出演者が「おーい！お茶」と声を出して、昭和のお茶の間風景の中でお茶を要求するのですが、そのシーンをきっかけに、商品名自体も「おーい！お茶」と変えたところ、大ヒット商品になりました。

王子ネピアは、「モイスチャーティッシュ」という名前の、保湿されたティッシュを販売していましたが、一部の消費者には評価されていたものの、なかなか売上が伸びていきませんでした。そこで、「鼻セレブ」というネーミングに変更したところ、この商品も通常のティッシュよりも、高級感のあるティッシュとして認知され、大きく売上を伸ばしました。

このように、素通りされてしまうようなネーミングよりも、少しエッジの効いた、ひっかかりのあるインパクトのある名前にすることによって、消費者の耳に記憶され、口コミにもつながります。たとえ中身は同じでも、ネーミング1つによって大きく売上が変わっていくことがあるのです。

コピーライターに安易に頼るな！

これまでお伝えしたように、「言葉」の重要性はご理解いただけたと思います。特に、ネーミングやタグラインなど、その商品やサービスを端的に伝えていくための言葉づくりは、ブランドの中核要素として、とても重要です。

それでは、世にいうところのコピーライターに、その言葉づくりをお願いすればよいのでは、と考える方もいらっしゃると思います。確かに優れたコピーライターは、言葉を生み出す力や、文章力といった意味では、非常に頼りになる存在です。

しかし、ただ単に、それらの言葉づくりを、コピーライターにお願いすればよいというものではありません。任せきりではなく、依頼主のあなたも真剣に考える意識が大切です。

以前に、こんなことがありました。

当社のクライアントが、パンフレットをつくる際に、ある知り合いのコピーライターに依頼をしていました。当社のコンサルティングに入る前に、ある程度まで、その作業が進んでいたのです。当社とのコンサルティングが始まり、一緒にそのクライアントと戦略を策定し、事業のポジショニングを踏まえた事業コンセプトを固めて、そのサービスにネーミングを付けました。

しかし、そのパンフレットに、それら内容を反映しようとしていたときに、問題が起きました。

そのコピーライターは、ある程度、パンフレット作業を進めていたこともあり、その事業コンセプトには否定的でした。そして、その後、サービスのネーミングについて、そのコピーライターから別案が提案されました。

当社も、そのネーミングがさらに良いものであれば、否定しませんが、そのネーミングは却下しました。理由は、コンサルティングで、クライアントと合意形成を図りながら、一緒につくり上げた戦略や事業コンセプトに、まったくのっとっていないネーミングだったからです。

優秀なコピーライターは、戦略を理解したうえで、ネーミングやコピーを生み出します。

しかし中には、その戦略理解が不足したまま、コピーライティングを行ってしまう方も存在します。その結果、まったくチグハグなものになってしまいます。本当に気をつけてほしいと思います。

仮に新しいネーミングを提案するのであれば、その会社の戦略までさかのぼり、ポジショニングを決め、事業コンセプトを定めたうえで、そのコンセプトを昇華した言葉を、ネーミングとして提案すべきです。

残念ながら、その戦略理解がなく、いくら目新しいネーミングを提案しても、戦略なきネーミングは言葉遊びにすぎません。

大企業では、多くの場合、すでに戦略が策定され、コンセプトもしっかりと固まったうえで、コピーライターに依頼します。優秀なコピーライターも多いですから、大きくずれたネーミングが出てくることは少なく、本当に素晴らしいお仕事をされています。

しかし、中小企業の場合、しっかりと戦略が策定されていることは少ないため、戦略そのものから徹底的に考えたうえで、ネーミングを生み出す必要性があるのです。

「言葉」だけではブランドになれない

最後に伝えたいことは、いくら「言葉」が魅力的でも、残念ながらブランドにはなれません。それは、やはり見た目が印象を決定づけてしまう大きな要素にもなるからです。これがいわゆる「ビジュアル」に該当します。

あと、もう1つ付け加えておきたいことがあります。

日本でも１９９０年代ごろから普及され始めた、ダイレクトマーケティングというマーケティング手法があります。この手法は、コピーライティングやセールスライティングといわれる「言葉」の力で、直接、見込客を獲得し成約を狙っていくやり方です。今ではウェブマーケティングにも活用されている手法です。

この手法は、例えば広告紙面において見込客を説得するために、比較的、言葉を多用します。

そのことは、レスポンス（反応）を取るために大切なことなのですが、一方で、不慣れな方がレスポンスを取ることを主目的として制作すると、文字だらけになってしまい、必ずしも見た目に美しさは感じられなくなってしまうことがあります。

つまり、「ビジュアル」が印象として損なわれてしまい、魅力的なブランドにはなりづらく、注意が必要です。バランス良く効果的な「ビジュアル」を取り入れることによって、ブランディングを意識していくことも、長期的な成長のためには必要になります。

それでは次項から、その「ビジュアル」についてお伝えしていきます。

5 中身のない、ただカッコいいだけのデザインでは、売れない

ルックスだけの商品・サービス（L：LOOKSDAKENO）

「先生、このパンフレット案を見ていただけませんか？」

ある業務用機械メーカーの社長が、相談に来られました。

それは、デザイン制作会社から、最初のパンフレットデザイン案として上がってきたものでした。

見た目にはとてもかっこよく、洗練されたデザイン性を感じました。

そして、それなりの安くない予算でつくってもらっているとのことでした。制作会社の選定も社長自らが行い、デザイン性やセンスの良さなどで、その会社を選んだとのことです。

お願いをされて、私は12ページほどあったパンフレットに、一通り目を通しました。

そうすると、やっぱり、と思いました。

それは、デザインは優れているものの、中身のないものに仕上がっていたからです。

では中身とは何でしょうか。それは渡す相手に、この会社の強みや差別化を含めた他にはない唯一性を感じさせ、かつ自分にとって必要なものだと思ってもらえるもの、です。

いくらデザインが優れていても、中身がなければ、残念ながら伝わるものになりません。

そのようなルックスだけの商品やサービス、パンフレットなどのツールを数多く見てきました。

〔図表６　シズル理解マップ〕

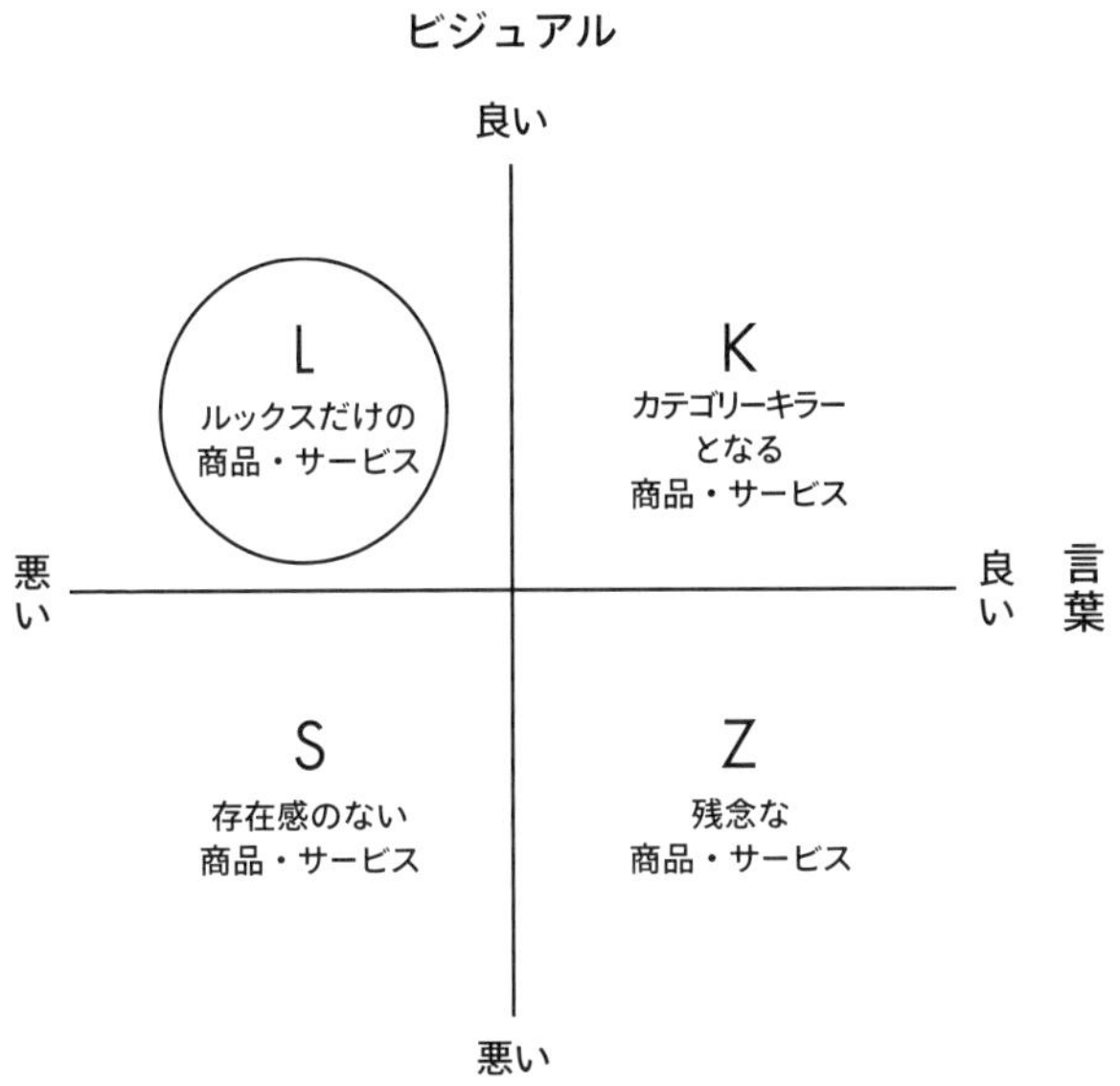

③「言葉」が悪い、「ビジュアル」は良い

→L：ルックスだけの商品・サービス

まずは戦略からスタートすることを忘れずに

優秀なデザイナーは、その会社の強みや商品の差別化などを見いだして、デザインを行うことができます。その会社や商品の本質とは何か、そしてその本質を抜き取って、輝かせることに長けています。

彼らには、高いデザインセンスやその能力にとどまらず、ヒアリングやインタビューを通じて、顧客を理解する能力もまた、備わっています。

しかし、そのレベルのデザイナーは、大企業から依頼されることも多く、費用面なども含めて、依頼することは簡単ではないかもしれません。

ではどうするかといえば、まず、自社で戦略をしっかりとつくり込むことです。

会社の強みやポジショニングなどの戦略をつくります。

そして、「言葉」を組み立てるのです。「言葉」とは、前項でお伝えしたネーミングやタグラインのことです。

そのうえでデザインを行うといった、段階的に物事を進めることが大切になります。

このような順序で、売りとなるポイントを情報として整理して、それを「言葉」や「ビジュアル」を使って、シンプルでわかりやすく魅力的に、顧客へコミュニケーションすることができます。

それはつまり、シズルの効いたブランディング、まさに「スーパーブランディング」につながるのです。

見た目の良さや統一感をコントロールする

デザインを施した、何らかの商品やツールの見た目を「ビジュアル」としていますが、この商品やツールなどで大事な「ビジュアル」とは、何でしょうか？

それは、ブランド要素である、ロゴマークから始まり、カラーリング、キービジュアル（その会社や商品のキメの写真やイラストのこと）や、名刺、パッケージデザイン、そしてウェブサイトやパンフレットなどの各種ツールなど、お客様にとって目に触れるものすべてを指します。

これらの見た目の良さや統一感なども含めて、チグハグにならないようすべてをコントロールしていく必要があります。

ところで、見た目の良さというと、洗練されたものやかっこいいものをイメージする方もいらっしゃるかもしれません。

しかし必ずしもそうではなく、お客様にとって、その会社や商品の魅力がより良く伝わるものであれば、それぞれに個性的な見た目、雰囲気をつくることもブランドとして大事です。

その雰囲気のことを「ブランドイメージ」と呼びます。それをかっこよくするのか、温かみのあるものにするのか、高級感のあるものにするのか、といったことを固めて、ロゴマークや前述した各種ツールなどで、そのブランドイメージからずれないものをつくることが大切です。

この「ブランドイメージ」を念頭に、商品パッケージや、パンフレット、ウェブサイトなどのデザインを統一することが大切です。

意外と知らないロゴマークの重要性

ここでは、いくつかのブランド要素のなかでも最も大切な、ロゴマークについてお伝えします。

ロゴマークは、実は和製英語で、ロゴタイプとマークを組み合わせてそう呼んでいます。

ロゴタイプとは、会社名や商品名の字体（フォント）を、デザインしたものです。字体のかたちをどのようにするかで、その会社や商品の印象が変わります。

例えば、明朝体にするのか、ゴシック体にするのかで、ずいぶん印象が変わります。

一方でマークとは、四角や三角、丸などで、図柄としてデザインされたものです。

例えば、トヨタやレクサス、ベンツなどの自動車に付いたエンブレム（紋章）をイメージしてもらうとわかりやすいかもしれません。そのブランドをマークとして一目でわかるように図案化したものです。古くは、家紋なども、現在のマークのルーツであると考えられ、一目でどの家のものかをわかるようにするためのものでもありました。

現在、日本では、デザインされたフォント（字体）であるロゴタイプと、マークを組み合わせ、ロゴマークと呼ばれています。

また、マークはなく、ロゴタイプだけで表現する会社や商品もあります。

このように識別機能としてのロゴマークは、家紋に見られるように、現在に至るまで、大切なものとして扱われております。

このロゴマークの重要性もまた、中小企業ではなかなか認識されないことが多くあります。

時代に合わせて変化させるべきものとは

そして、このロゴマークも、時代によって変化させていく必要があります。

意外と多くの会社が、自社のロゴマークが時代感に合っていないことに気づいていません。

昭和の時代につくられたものは、そのときはよかったとしても、現在の時代感に合っていないものも多く見受けられ、どこか昭和の香りがする古くさい印象を与えてしまいます。

ファッショントレンドとまではいかないものの、節目、節目で、会社や商品のロゴマークを時代に合わせて見直していくことは大切です。

実はソニーも、ＳＯＮＹというロゴタイプのデザインを、見た目にはわずかですが、時代に合わせて少しずつ変更させています。それだけ自社の印象を決めてしまうロゴマークに神経を使っているのです。

ただ実際には、会社のロゴマークが古くなっていることを指摘するのは簡単ではありません。

経営者が気に入っていたり、その重要性を認識していなかったり、さらには、変えることによって売上が上がるのか、ということに対しても短期的視点ですと、費用対効果を得られないことが往々にしてあるからです。

しかし当社のお客様では、ロゴマークを変え、それを使用した名刺、封筒、ウェブサイトなどの各種ツールを見直した結果、お客様の増加のみならず、人材採用の応募者数が2倍に増えたところがありました。実は、「スーパーブランディング」は、人材採用へも大きく影響を及ぼすのです。

6　魅力的なブランドは、必ず「言葉」と「ビジュアル」が揃っている

カテゴリーキラーとなる商品・サービス（K：CATEGORYKILLERTONARU）

世の中のカテゴリーキラーとなりえる商品・サービスには、必ず魅力的な「言葉」と「ビジュアル」が揃っています。

例えば、２０１６年、２０１７年の時価総額世界1位である世界最強企業のアップルです。アップルのスーパーブランディング、つまり、買いたい、欲しいと思ってもらう、シズルの効いた「言葉」と「ビジュアル」が、いかに魅力的であるかについてお伝えしましょう。

１９９５年に、アップルに復帰したスティーブ・ジョブズが最初に手掛けた商品が、１９９８年に発売されたｉＭａｃです。

フロッピーやＣＤのディスクを廃して、インターネット接続に特化したインターネットマシンとして、注目を浴びました。

なによりも、プロダクトデザイナーであるジョナサン・アイブが手掛けた、ディスプレイとハードディスクなどの一体型のプロダクトデザインと、半透明で中身が透けて見え、ボンダイブルーと呼ばれるカラーリングのデザインは、当時、そのＣＭとともに、世界中に大きな衝撃を与えて、爆発的なヒットになりました。

〔図表７　シズル理解マップ〕

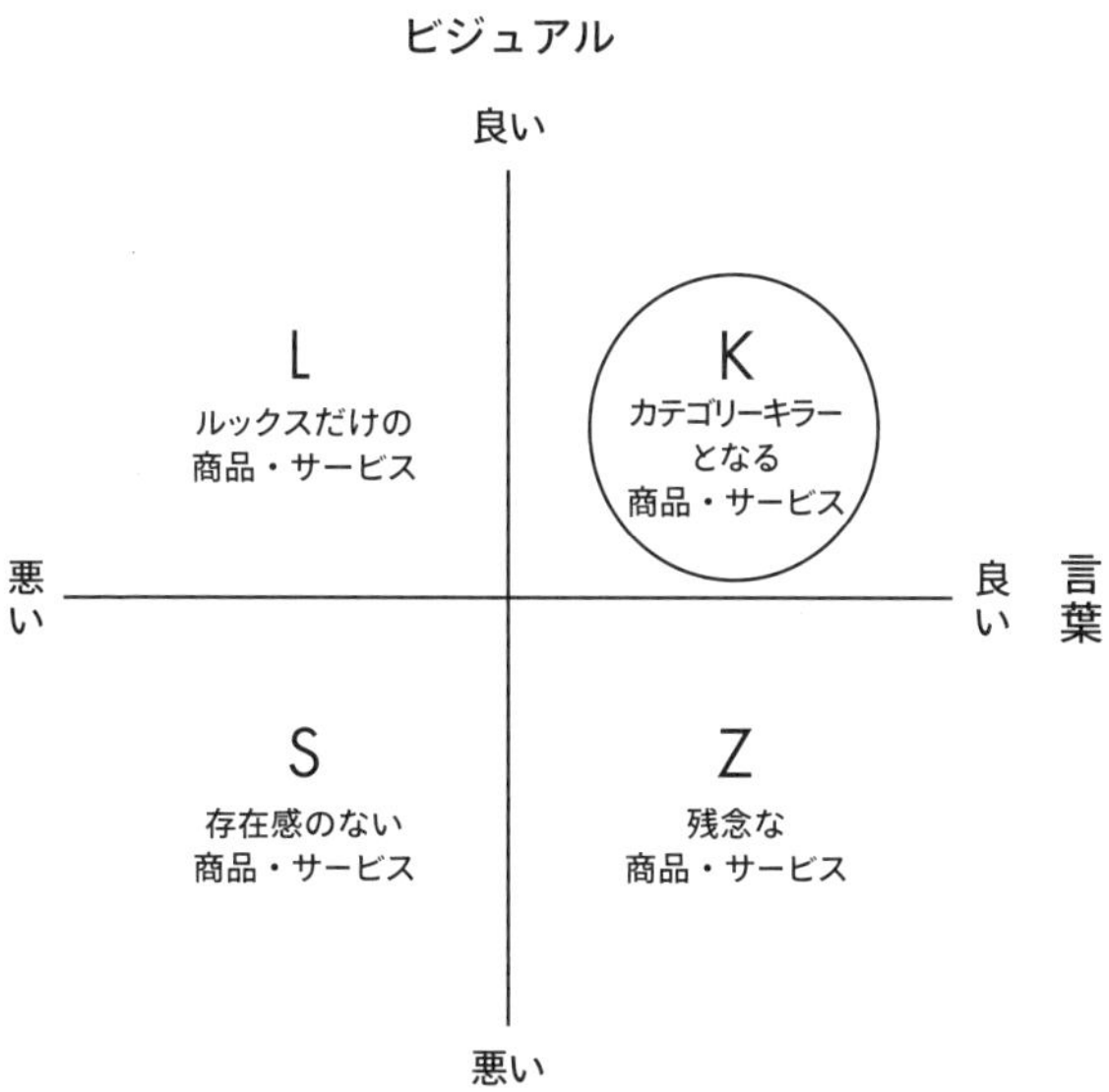

④「言葉」が良い、「ビジュアル」も良い
→K：カテゴリーキラーとなる商品・サービス

1999年には、キャンディーカラーと呼ばれる、タンジェリン、グレープ、ライム、ストロベリー、ブルーベリーの5色を展開し、カラフルなイメージとともに、従来のパソコンにはない、その遊び心と楽しさを表現することに成功しました。

それら5色のｉＭａｃが、くるくる回りながら流れるＣＭを覚えている方もいらっしゃるかもしれません。

ここには、大きく2つの要素が隠れています。それは、まずは、「ビジュアル」としてのプロダクトデザインです。

やはり、目に焼き付くほどのプロダクトの美しさについて、商品を表現するうえで、これ以上に大切な要素はないでしょう。

スティーブ・ジョブズのすごさは、デザインの重要性を見抜き、ジョナサン・アイブを、一介のデザイナーで終わらせずに、アップルの経営の中枢に据えたことです。

デザインが重要であるという経営者の考えや方針は、ただ単に、商品としてデザインのきれいなものを揃えるだけでは、社内に浸透させていくことは難しいでしょう。

それを、組織の中枢にデザイナーを据えることで、いかにデザインが経営において重要であるか、ということを社内外に知らしめることにもつながります。

近年では、レクサスやマツダ、日産などでもデザイナー出身者が経営の中枢に参画していることからも、デザイン重視の経営が増えている傾向にあります。

カテゴリーキラーに付けられる「言葉」

そしてもう1つの要素である、「言葉」。

それはネーミングとしての「ｉＭａｃ」。インターネットやインフォメーションなどを意味する「ｉ」を頭に置き、それまでマッキントッシュの愛称であった「Ｍａｃ」を、ネーミングとして採用する、そのセンス。一発で記憶される名前ですよね。

さらに、それだけにとどまりません。

その後、数々の商品が発表されており、そのネーミングにはお気づきかと思いますが、それぞれのカテゴリーにおけるキラー商品となりうるものについては、ほぼすべての商品名に、「ｉ」を冠しました。

２００２年、携帯MP3プレーヤーの「ｉＰｏｄ」、２００４年、音楽配信ソフト「ｉＴｕｎｅｓ」、２００７年、スマートフォンとして「ｉＰｈｏｎｅ」、２０１０年には、タブレット型のコンピューター「ｉＰａｄ」、などです。これらが、アップルの統一感を持ったブランドとして、認知を強めました。

いかがでしょうか。ネーミングをどれだけ意識的に付けているか。これは消費者向けの商品だからというわけではありません。サービスでも産業材でもすべてのものに名前を付け、そのことを顧客やユーザーに覚えてもらうことが大切です。

優れた商品には優れた名前を宿し、顧客が買いたくなる優れた商品イメージを備わせるのです。

それでは次に、アップルが生み出したいくつかの商品の中でも、ネーミングに勝るとも劣らないタグラインを紹介しましょう。

それは、２００２年に発売された「ｉＰｏｄ」です。本商品は、音楽業界におけるカテゴリーキラーとして生み出されました。それまで、外に持ち歩ける音楽用のプレーヤーは、カセットテープやＭＤ、ＣＤなどのプレーヤーがほとんどでした。

それらの商品の問題点は、いろいろな音楽を聴きたくても、カセットテープやＣＤなどを持ち運ばなくてはならないため、重くて面倒だという難点がありました。

そこで発売された「ｉＰｏｄ」は、重量が約１８５ｇで、５ギガバイトのハードディスクを兼ね備えた携帯ＭＰ３プレーヤーです。しかし、この機能だけを伝えても、おそらく購入者にとって、どう良いのかが伝わりません。

そこでスティーブ・ジョブズは、この商品を次のようなタグラインで伝えました。

「ｉＰｏｄ。１０００曲をポケットに」

いかがでしょうか。ｉＰｏｄの機能である5ギガバイト、という容量ではなく、１０００曲もの曲数として、また約１８５ｇの重量ではなく、ポケットに入るサイズのものとして、顧客のベネフィットに意味を変換させて伝えました。

さらに、ＣＭは映像と音楽のみで構成され、最後に一言だけメッセージを伝えるという、ビジュアル面においても、強く消費者に印象づけました。

「言葉」と「ビジュアル」を制するものが勝つ

このように、魅力的な「言葉」と「ビジュアル」を巧みに組み合わせて表現することによって、大きく売上を伸ばした商品は、他にも多くあります。

本章で前に紹介した「ダイソン。吸引力の変わらない、ただ1つの掃除機」。このタグラインを覚えている方は、合わせてプロダクトデザインの美しさも印象に残っているのではないでしょうか。

また、ソニーの「ＷＡＬＫＭＡＮ」。これもネーミングの素晴らしさもさることながら、ＣＭで、猿がウォークマンを聴いている姿は、ものすごくインパクトがありました。

「シズル理解マップ」とは、「言葉」と「ビジュアル」を両面から魅力的に表現していくためのツールです。それらを両方とも抜けもれなく、しっかりと顧客に伝えることができているかを確認するためのものです。

シズルがしっかりとできていれば、それは、「スーパーブランディング」になります。

序章でも説明したように、「スーパーブランディング」は、普通のブランディングで終わらずに、シズル感のあるブランディングで、しっかりと商品・サービスの売上を上げて、会社が次のステージに向けて、力強く発展していくことを目的としています。

そのため、ここまで見てきたように、ただ単に「言葉」にインパクトを持たせたもの、もしくは、おしゃれにしただけの「ビジュアル」では、「スーパーブランディング」とは言えませんし、長期的に力強く売上につながっていくことはありません。

ぜひとも、この「シズル理解マップ」を活用していただき、自社に何が足りないのかを、いま一度確認してみてください。

もし、「言葉」や「ビジュアル」の表現に詰まるようでしたら、それは、その表現の問題というよりも、もしかしたらその前に考えるべきポジショニングや、ターゲット、ニーズ、そして競合環境の把握による差別化が、うまく見出すことができていないのかもしれません。

差別化が見出すことができていないと、魅力的な「言葉」も生み出せませんし、その商品やサービスにふさわしい「ビジュアル」もつくることができません。

よって、まずは差別化できているかをしっかりと考えてください。

また、「言葉」や「ビジュアル」も思いつきの1案で進めてしまうのではなく、差別化をもとに、複数の案を検証した上で、ベストの案を選んでください。

思い込みで走りすぎずに、客観的に判断することが大切です。

ところで、シズルの英語のつづりは、「SIZZLE」です。

覚えていただきやすいように、「SIZZLE」という言葉の3文字を当て、S、Z、L、そしてカテゴリーキラーのKをプラスして、シズル理解マップを作成しました。ぜひ参考にしてください。

さて次章では、「言葉」や「ビジュアル」を、パンフレットやウェブサイトなどのツールへ、いかにして表現していくのかについてお伝えしてまいります。また、それらツールを活用して、いかにプロモーションを展開していくかについてもお伝えしてまいります。

第4章　売上をぐんぐん上げる、ブランディングツールの活用法

1　法人営業でも使えるブランディングツール

「会社案内パンフレット」制作の5つのポイント

ここまでの内容で、ブランディングツールの重要性については、お伝えしてきました。本章では、それをもう少し掘り下げて、このブランディングツールを活用して、スーパーブランディングを実現していくポイントについて解説いたします。

最初にお伝えしたいのは、多くの中小企業が使っている、会社案内パンフレットです。あなたの会社にも、パンフレットはあるかもしれませんが、まず初めに確認したいことは、そのパンフレットは日頃ちゃんと使われていますか？

実は、使っていないという会社が結構多くあります。

あなたの会社はどうですか？　何年も前につくって、そのままになっていませんか？

古くなってしまったので、実態にそぐわなくて使っていないという方も、いらっしゃるかもしれませんし、つくったはいいけど、うまく活用していないという会社もあるでしょう。

第2章でも少しお話をしましたが、そのような、パンフレットの大きな問題点は、利用目的や利用シーンをしっかりと設計していないことにあります。

外部の印刷会社や制作会社に任せきりでつくってもらったという方も多いでしょう。外部の会社に任せるのはまったく問題ないですが、依頼方法に問題があります。

本当に使える、シズルが効いている会社案内パンフレットをつくるためには、しっかりと、利用目的や利用シーンを明確にして、何を伝えるべきかについて、徹底的に考えるべきです。

特に、会社案内パンフレットでは、次の５つの配慮が大切です。

①　どんなシーンで、誰に伝えるものか

②　何を伝えるべきか

③　どの順番（優先順位）で伝えれば効果的か

④　どのような文章表現をすれば伝わるか

⑤　どのようなデザインにすれば魅力的か

あなたの会社のパンフレットは、この５つの点について、どの程度考えられているでしょうか？

会社案内パンフレットを、外部の印刷会社やデザイン会社に制作依頼するにあたって、あなたの会社が特に考えなければならない重要ポイントは、①、②、③です。

この点がしっかりと整理されないままに、外部に委託すると、ぼやっとしたものができてしまいます。もちろんちゃんとした制作会社であれは、これら大切な要素について確認をしてくれますが、自社でしっかりと考えておかないと、制作会社に提案された内容をそのまま良しとし、なんとなく進めてしまうことになります。

④と⑤については、その重要性を理解した上で、コピーライターやデザイナーを活用します。

あなたが営業に行くと、お客様ががっかりする理由

この中で、①の「どんなシーンで、誰に伝えるものか」という点については、具体的に使用するシーンや人を想定します。

利用シーンがイメージできたら、次は、②の「何を伝えるべきか」について、検討しますが、法人営業において、新規のお客様を訪問した際に、必ず伝えなければならないことがあります。

それは、会社の「強み」です。しかし実際には、営業マンが新規の会社へ営業に行くと、商品やサービスを売ることに意識が行き過ぎて、どうしても説明が偏ってしまいます。

もちろん、お客様が商品・サービスに関心を持っているときは、商品・サービスから話を始めてもかまわないのですが、タイミングを見て、必ず会社の強みを伝えてください。

多くの場合、新規のお客様は、こう思っています。

「そういう会社、他にもたくさんあるよね」

実際に、心にそう浮かぶかどうかは別として、無意識に、どこにでもあるような会社だと感じられたら、無駄な商談時間を過ごしていると思われてしまいます。あなたも自分の会社に売り込みにきた営業マンに対して、そのような感情を持たれたことはないですか？

法人営業において重要なことは、長くお付き合いしてもらうことです。そのためには、目先の商品・サービスだけではなく、あなたの会社の「強み」をしっかり示して、できる限り、唯一性を示すことです。

会社の「強み」の見つけ方

「強み」を伝えるといっても、その「強み」がなくて困っている、と言われる会社もありますが、そこに大きな問題があります。

これまで、10年以上、３００社以上の会社とお付き合いをしてきて、「強み」がない会社はありませんでした。

「強み」がないと言われる会社は、市場分析が足りないケースがほとんどです。

「強み」というのは、あくまでも相対評価ですので、競合企業と比較して、どのような「強み」を持っているかという検証が大切です。さらに、競合がどこかという点についてもよく考える必要があります。ここを怠ると、相対評価ができません。

また、競合企業がどこかを明確にするためには、しっかりとお客様を定義する必要があります。なぜかと言えば、競合企業は、あなたが決めるのではなく、お客様が決めるからです。お客様の選択肢に入る企業がすべて競合です。

裏を返せば、お客様が決まっていない会社は、競合企業も決まりません。競合企業が決まらないということは、あなたの会社の「強み」を相対評価することができません。したがって、「強み」を定義することはできないのです。

もし、自社の「強み」がわからないという方は、一歩引いて、市場の中における自社の評価として、「強み」を探ってみることをおすすめします。

ぜひ、話を聞かせてください、と言われる会社になる

あなたの会社が商売をしている市場の中で、「強み」を定義し、唯一性を強調することが、なぜ重要かといえば、先ほどのように「そういう会社、他にもたくさんあるよね」と思われないためにです。

その反対に、

「えっ！　そういうことができる会社があるの？」

「ぜひ、もう少しお話を詳しく聞かせてください」

新規のお客様に営業に行った際も、こういう反応が得られることが理想です。

実際に、自社の「強み」が活きて、唯一性をアピールできるお客様のところにいけば、こういった反応が得られます。

まずは、このような結果を得られる戦略をつくる必要があり、戦略づくりは「強み」を活かすことが基本です。

そして、会社案内パンフレットでは、②の「何を伝えるべきか」の要素が決まったら、次は③の「どの順番（優先順位）で伝えれば効果的か」について検証します。この検証が甘いと、せっかくの内容もうまく伝わりません。

こういった細部にまで神経を使わないと、本当にお付き合いしたいと思ってもらえる、シズルが効いた会社案内パンフレットはできません。

業界に不慣れな新人営業マンが、どんどん仕事を取ってくる！

ある食品会社のコンサルティングで、商品ではなく、会社の「強み」をしっかりとお客様に届ける指導をしたところ、新人の営業マンが大きな成果を上げるようになりました。

その会社は、比較的、勤続年数が長い営業マンが多かったのですが、彼らが新規のお客様のところに営業に行くと、どうしても自社商品の説明に偏ってしまう傾向がありました。

長年の営業スタイルは、なかなか変えにくいものですが、ここを改善する取り組みをしました。

そこで、まずは、会社の「強み」をしっかりと整理しました。

「強み」というものは、会社の中にいると、あって当たり前、できて当たり前のことに感じることが多いので、それが他と比べてどれだけ価値の高いものであっても、うまく外部に訴求できていないことがよくあります。

この食品会社もそうでした。他社には真似できない、唯一無二といえる「強み」がありました。

特に大手企業にはできない全国の原料調達ルート、そして、小ロット・多品種で対応できる製造ラインは、日本で唯一というレベルでした。

それを資料としてまとめ、営業も自社商品をダラダラと説明するのではなく、相手のニーズを引き出しながら、話の流れに応じて、自社の「強み」を伝えるプレゼンテーションスタイルに変えました。

この際に使う会社説明資料も、やはりシズルが効いたブランディングを意識する必要があります。

長年の営業スタイルを変えていくことは、なかなか難しい取り組みですが、それでも、毎月の取り組み課題を通じて、少しずつメンバーの意識に変化が表れ、売上にもプラスの影響が見えるようになっていきました。

この取り組みで、一番早く成果を出したのは、実は採用後数ヶ月の新人営業マンでした。彼は、この業界で経験がなかった分、私たちの指導を素直に取り入れて、さっそく、新規客の開拓で注文を取ってきました。

そのときに使った会社説明資料は、大昔につくったきりの既存の会社案内パンフレットではなく、コンサルティング指導の中で新たにつくった、パワーポイントをプリントアウトしただけのものでした。しかしそれは、「強み」をしっかりと訴求できていて、まさにシズルが効いた内容になっていました。

その後、彼は、さらにコツをつかんで、どんどんと積極的な新規開拓を行い、ついには、その会社の製造力では追いつけないほどの、仕事を受注してくるようになりました。

それまで営業にはっぱをかけていた社長は、大あわてで工場の拡張、人の手配をしなければならなくなりました。

このように、あまり使えない会社案内パンフレットよりも、パワーポイントなどでつくったシズルが効いた資料のほうが効果的な場合もあります。同社では、その後、この資料をもとに、さらにシズルを意識した、新しい会社案内パンフレットを用意することになりました。

名刺にも「シズル」を効かせると、商談が一気に前に進む！

実は、この食品会社のコンサルティングでは、パンフレットなどのしっかりとしたブランディングツールを用意する前に、身近な名刺からつくり直しました。

名刺に、ぜひ取引したいと思ってもらえるような、シズルを持たせる取り組みです。

営業マンは、新規のお客様のところに訪問した際には、必ず名刺を渡します。時間がないお客様（バイヤー）でも、名刺くらいは見てくれます。

そこで、どんなアピールをすべきかを考え、次の2点の要素を名刺に盛り込むことになりました。

1点目は、会社の「強み」です。

競合企業と比較して、自慢できること、バイヤーに評価されることを数点に絞って、名刺の裏面を使って明記しました。名刺は、サイズが小さいため表現のスペースが限られます。ですから、一字一句、シズルを意識し、言葉を吟味して記載しました。パッと見るだけでバイヤーが惹きつけられ、思わず、すごい会社ですね、と言われるように配慮しました。

ポイントは、独自性、唯一性を訴求することです。ここでは、ダラダラと「強み」を書いても読んでもらえないので、端的に、箇条書きにして表現しました。

当社のコンサルティングでは、「強み」を整理するために、それ相応の時間をかけて取り組みます。理由は、自社では、なかなか「強み」を客観評価できないため、いろいろな視点から検証をする必要があるからです。スーパーブランディングの実現には不可欠な工程です。

そして、時間をかけて検証した「強み」は、言葉として徹底的に磨き上げます。そうすることで、独自性、唯一性が感じられる「強み」としてターゲットに伝わるものになります。

2点目は、営業マンの名前の肩書に、「○○アドバイザー」という言葉を添えました。この○○には、営業マンが取り扱う食材が入ります。

こうすることで、新規のお客様から相談してもらう機会を増やすとともに、営業マンの意識を高めることを狙いました。

名刺にシズルを持たせる取り組みは、すぐに効果を発揮して、この食品会社の役員から、嬉しい報告をもらいました。

「いやぁ、先生、あの名刺、すごいですね。何度も訪問していた大口顧客が、強みの内容を見るなり、お宅こんなことできるの？　って、新たな仕事の話につながったんです。これまで何度も足を運んでいるのに、大切なことが伝わっていなかったんですね」

また、営業マンからも報告がありました。

「先日、新規のお客様のところに訪問したら、担当者が、私の名刺に○○アドバイザーと書いてあるのを見て、お客様向けのイベントの料理教室で、メーカー担当者として話をしてほしいと頼まれました。これで、担当者とグッと近い関係になれます！」

このように、名刺1つでも、お付き合いしたいと思ってもらえるような、シズルを意識してつくり込むことで、ブランディングの効果が得られるのです。

2　ホームページを「自動集客」装置に変える

あなたのホームページに、新規客が訪問しない理由

あなたの会社のホームページは、主にどんな目的でつくられていますか？

この質問に正確に答えられる方は、非常に少ないです。

パンフレット制作に関して、目的の設定が大切であることは、お伝えした通りですが、ホームページも同様に目的の設定はとても重要です。この点をしっかりと設計できていないと、メッセージ性が弱く、ぼんやりとした印象になり、シズルがないホームページになってしまいます。

例えば、新規のお客様に興味関心を持ってもらい、新しい取引先を開拓することが主な目的のホームページと、自社のお客様や会員にメッセージを発信していくことを主とするホームページとでは、メッセージが変わります。

新規の取引先を増やしたい、と相談に来られる企業のホームページを見ると、その会社の売りが何なのか、わからないことがよくあります。

ある雑貨の新商品をつくり、市場拡大していた会社から、次のような相談を受けました。

「実は、ここ数年、当社の新商品はそれなりに売れていたのですが、最近は売上が下がってきました。専用のホームページもつくったのですが、なかなか新規の取引先が開拓できなくて困ってい

ます。どうしたらよいでしょうか」

その商品専用のホームページを見ると、一見おしゃれにはできているものの、その商品がどんな特徴を持っていて、利用者にどのようなベネフィット（便益）を与えるかが、まったくよくわからないものになっていました。

なぜ、そのようなことが起こるのでしょうか？　それは、商品（またはサービス）を提供する側は、その特徴やベネフィットについては、よく熟知しており、普段から当たり前の事実になっているからです。ですから顧客目線で考えたとき、本来伝えるべき基本的なことを伝えられなくなってしまっています。それなりに売れた商品ということですから、すでにその罠にはまってしまい、大切なこと、つまり「その商品がそもそも何なのか」ということが伝わらないホームページになってしまっていました。この点は、本当に気をつけてほしいと思います。

独立する前、広告代理店に勤めていた時代に、フィットネスクラブのクライアントから、他の広告代理店がつくった広告を評価してほしいと頼まれたことがありました。広告を出しても反応がなく困っているというのです。

私は、その広告を見てすぐに理由がわかりました。それは、フィットネスクラブの広告に見えませんでした。著名なタレントを起用し、楽しそうなビジュアルに仕上がっていたのですが、見る人にとって業種そのものがわからない広告になっていました。このように、自社のスタッフだけでなく、長年付き合いがある広告代理店やデザイン制作会社も、陥ってしまう罠なのです。

あなたの会社のことは、誰も知らない

どんなに有名な会社でも、認知率１００％という会社はそうないでしょう。ましてや、広告宣伝予算をほとんど持たない中小企業の商品やサービスを知っている人は、本当に少ないものです。

仮に、一般消費者向けの商品やサービスで、テレビによく取り上げられるようになったとしても、なんとなく記憶に残っている程度だと思ったほうがよいでしょう。

以前、自転車を修理しなければならなくなり、住み慣れた町ながら初めてのことなので、近場の自転車屋さんをネットで検索しました。すると、毎日通っていた商店街の片隅に自転車屋さんがありました。

お店も、同じ場所で何年も商売をしていると、この町の人は、みんなうちのことを知っていると思いがちです。しかし本当にそうでしょうか。長年、場所を変えずに商売をしていても、みんながみんな認識してくれているということはないと思ったほうが賢明です。

このことは、特定業界でも同じです。

以前、ある社長が、

「うちは老舗だから、この業界のほとんどの人がうちのことを知っている」

と言われました。その際に、およそ何割ぐらいが知っているとお考えか質問したところ、だいたい半分ぐらいは知っているのではないか、という言葉が返ってきました。

もしそうであれば、あと半分は知らないわけですから、そこに向けて情報発信していくべきです。

さらに言えば、知られているだけではあまり意味がありません。会社のポジショニングを理解されていてこそ、業界でお役に立てる存在として認知されます。

もうみんなが知ってくれていると勘違いをすると、あなたの会社の商品・サービスを知らない人にとって、とても不親切な表現をしてしまいかねません。

お店もホームページも同じです。新規のお客様に気づいてもらい、興味関心を持ってもらう努力をしないと、お客様は、目の前を素通りしてしまいます。既存顧客にばかり意識を奪われて、気づいたら、マーケットがどんどん縮小してしまうということになりかねません。

事実、これまでのコンサルティング経験で、市場全体の新規客が減少して苦戦している会社から何度か相談を受けています。

新規客を獲得していく活動を怠っていると、あなたの会社だけでなく、業種やカテゴリー自体が縮小してしまうということもあるのです。

どのような会社も新しく商品やサービスを売り出したときは、一生懸命にそれを知ってもらう努力をしていると思います。常に、そのような新鮮な気持ちで、新規客に向けてシズルを効かせることを考える必要があります。

ホームページについては、まず目的を定めて、新規客を取り込むためのものであれば、ターゲットにとってのシズルが効いているか、十分に検証してほしいと思います。

競合他社に埋もれないホームページづくりの重要ポイント

ホームページに訪問した新規のお客様に対して、まず重要なポイントは、トップページの良し悪しです。

ここで、想定しているメインターゲットに興味関心を持ってもらえないと、いくらプロモーションをしかけて集客しても、なかなかその先に進んでもらうことは難しいでしょう。

もし、あなたが何かお困り事があり、それを解決してくれそうな会社をインターネットで探していたとします。その際に、いくつかのホームページを見ると思うのですが、次のようなホームページが出てきたらどう思いますか？

パッと見て、

・何をやっている会社かわからない
・特別に売りがあるように思えない
・少し古くさい印象がある

いかがでしょうか。おそらく、すぐに飛ばして他の会社のホームページを見ると思います。ホームページでの会社の印象は、トップページを見た一瞬で判断されています。

「何をやっている会社かわからない」と思われたら一発アウトです。あなたの会社のことを知らない新規客が、何をやっている会社かをじっくり確認してくれることはほとんどありません。

「特別に売りがあるように思えない」という場合は、印象に残らず、競合に埋もれてしまいます。

チェック方法としては、あなたの会社のホームページでアピールしている点を、競合他社に置き換えてみてください。そのときに、競合他社にも同じことが言えてしまうようであれば、アピールポイントについて再考が必要です。

そのようなホームページは、ある意味、無難ではありますが、中小企業の場合は、「とんがり」が必要です。理由は、「とんがり」がなく、無難な印象の会社を並べて比較したときに、勝つのは知名度の高い大企業だからです。

「とんがり」とは、言い換えれば、ポジショニングです。

会社のホームページであれば、その会社のポジショニングを、商品・サービスの専用ホームページであれば、その商品・サービスのポジショニングを、しっかりと魅力的な言葉で訴求し、シズルを効かせる必要があります。そうすることで「とんがり」が出てきます。

パッと見たときに、目に飛び込む写真やイラストなどのビジュアルも、もちろん重要ですが、一番大切なことは、中核的なメッセージです。そのメッセージが、新規客の心に本当に刺さる言葉になっているか、何度も検証して、決定してほしいと思います。

また、「少し古くさい印象がある」という点についても、気をつけてほしいと思います。

なぜなら、新規客は、競合と比較しますから、競合が最新のきれいなデザインに仕上げていたとすれば、それは、いくら良い商品やサービスを提供していても、マイナスの印象を与えてしまいますので、とても、もったいないことになるからです。

大手企業から直接、受注する方法

Ｓ社は、ある特殊な金属の加工を行う老舗企業です。大口の取引先をいくつか持ち、これまで50年以上にわたってこの事業を行っています。

当社は、Ｓ社に対して何年かにわたって、いくつかのテーマでコンサルティングを行っています。そのうちの１つが、特販事業部における新規客の開拓です。

この特販事業部とは、長年にわたって受託の仕事に依存してきた体質を変えるべく、自社の技術や商材を活かせる新しい市場を開拓するために、選抜メンバー数名で創設されました。その特殊金属に関する卓越したノウハウを持つスペシャルメンバーです。

これまでに、特販事業部には、ある程度の売上はありましたが、経営として見たときに、まだまだ満足できる売上規模には至っておりませんでした。

特販事業部が狙っていたのは、大手企業からの直接受注でしたが、これまで、新商品を持って、飛び込み営業をしてみるものの、なかなか成果につながらないという状況でした。

何でも新しい取り組みは、時間がかかるものですが、Ｓ社の場合は、これまでに大手企業から直接依頼が来る流れはなかったので、これは大きな挑戦でした。

当時、Ｓ社の専務は、この特販事業部は属人的な営業ではなく、「仕事の依頼が来る仕組み」をつくることが必要であると考え、当社のセミナーに参加されたのをきっかけに、コンサルティングのお付き合いが始まりました。

まずは、何をカテゴリーキラーとして打ち出していくか、この点について、議論を重ねていき、最終的には個別の商品ではなく、特販事業部が持っている機能そのものを売りとして、カテゴリーキラー化しました。

具体的には、その特殊金属の加工について、長年の歴史や実績、技術を持つ会社として「特殊金属を使った各種の開発案件を長期でサポートできる会社」として、ポジショニングを明確にしました。

同業界では、この特販事業部のように専門チームを持って、手厚いサポートができる会社は数が限られています。また、いくつかの「強み」を重ね合わせると唯一性の高い事業と言えました。

この特販事業部のポジショニングづくりも、第1章で解説したT社のように、かなりの時間をかけて、顧客分析、競合分析を行い、慎重に検討を行いました。

そして、完成したポジショニングに対して、この特販事業部のタグラインも作成しました。

その後は、ホームページも刷新して、TOPページでは、その特殊金属を使った開発で悩まれている大手企業の担当者に向けて、ブランドメッセージも発信しました。

さらに、このTOPページのブランドメッセージから、解決能力を示す事例や強みを説明する流れをつくりました。

すると以前は、年に1件程度の問い合わせが、現在では月に5件、10件と増え、しかも狙い通り、しっかりと大手企業から問い合わせが来るようになりました。

ランディングページ1枚でも爆発的ヒットにつながる！

ホームページは、既存のお客様向けにできていて、新規客に向けてホームページをつくり替えるということが、なかなか難しい会社もあると思います。

そういうときには、目的に応じて独立したホームページの設置を検討してもよいと思います。費用が限られているときには、1ページものホームページでも効果を発揮するケースもあります。

一般的にはランディングページといって、1ページではありますが、縦長にずっとスクロールすることで他のページに遷移させないで、結論まで読んでもらえるものです。

ネット通販などの業界では、商品ごとにこのランディングページを設置して、新規客の獲得のプロモーションを展開しています。

このランディングページは、複数ページあるホームページと比較すると、比較的短期間で、低コストでつくることができます。

通販会社でなくても、あらゆる業界で活用できます。

現在、ランディングページについては、専門特化した会社がたくさんありますので、実績やコストを確認のうえ、選択されるとよいと思います。

知り合いの会社に頼むこともよいと思いますが、できれば実績が多い会社を探して、比較のうえで決定してください。

その際に重要なことは、買いたい、欲しいと思ってもらえるシズルが効いた内容にするために、やはりターゲットやニーズを明確にして、競合比較における自社のポジショニングなどの戦略をしっかりと設計することです。

ランディングページの制作会社は、あくまでもサイトを制作したり、ランディングページへの集客を高めるためのプロモーションを支援することが仕事です。

ですから、戦略が曖昧なまま依頼すると、そのまま曖昧なものができ上がってしまう可能性があるので注意が必要です。

反対に、戦略をしっかりと描き、さらに、発信するメッセージも卓越したもので展開すると、ランディングページ1枚であっても、最大効果を発揮します。

第1章でご紹介した生活家電は、10万台以上売れるヒット商品になったとお伝えしました。実は、この生活家電は、発売当初インターネット上に用意したのは、たった1枚のランディングページだけでした。

この生活家電は、多くのテレビ番組や新聞、雑誌メディアに取り上げられましたが、取材に来られた記者は、この1枚のランディングページを見て来ていたのです。

また、工業用製品であっても、ランディングページを用意して、そこにシズルが効いていれば、十分に新規客への訴求が可能です。

ここでの重要なポイントは、ページのボリュームではなく、メインターゲットの心に刺さる、シズルが効いた内容になっているかどうかなのです。

３　一般消費者の心をつかむコツ

パッケージデザインの成功の条件

一般消費者をターゲットにした商品の多くは、パッケージデザインをほどこして売られています。そして店頭では、パッケージに入ったまま、商品として陳列されているケースもあれば、商品がパッケージから出されて展示されている商品もあります。

もし、パッケージされたまま店頭に置かれている場合であれば、パッケージデザインを含めて、商品としてとらえる必要があります。広告宣伝費をほとんど持たない中小企業が、商品展開をしていく場合、極端に言えば、中身と同じぐらいパッケージデザインに力を入れる必要があります。なぜなら、店頭で興味を引き付けて、手に取ってもらえないと話にならないからです。

これまで10年３００社を超えるコンサルティング活動をしていると、新商品の発売を開始したにもかかわらず、店頭でまったく売れずに困って相談に来られるメーカーも大変多くいます。

その中で、ある健康食品のメーカーK社の社長は、当社のセミナーに参加されて、次のようにおっしゃっていました。

「先生、カテゴリーキラーづくりについてのプロセスは、理解しました。当社の大きな問題は、すでに商品をつくってしまっており、まったく売れず在庫の山になっていることです。これをどうにかすることはできないでしょうか」

　正直に言えば、売れなくて困っているという案件は、簡単ではありません。売れないのであれば諦める、という選択肢もあると思います。

　しかし、想いが強い社長のお話を聞くと、なんとか協力したいという気持ちになります。

　その後、K社社長は、当社に相談に来られ、いろいろと状況を確認したところ、その商品は、店頭で競合商品の中に埋もれてしまっていることがわかりました。

　小売りの店頭では、多くのメーカーの商品があふれています。特に、健康食品の売場を見ると、各社がそれぞれ目立とうとして、派手な色やデザイン展開でアピール合戦が繰り広げられています。

　ここで、消費者の選択肢に入るにはどうしたらよいでしょうか。

　K社社長は、当社に相談に来る前に、担当の問屋さんにも相談したところ、「もっと派手な色使いで目立たないと売れない」と言われたそうです。

　私は、その意見には賛成できませんでした。そもそも、その売場が、ゴチャゴチャとアピール合戦をしているなかで、同じように派手にアピールしても同質化するだけです。ここは落ち着いて一歩引いて考える必要があります。

　まず、K社の商品は、ターゲット設定が不明確で、中途半端な印象のものでした。そこで、消費者の視点に立って、一番喜ばれるターゲットはどのような方か、そのターゲットが抱える課題は何か、そういった本質的なところを掘り下げて検証しました。

ＰＯＰで大きく売上を上げる！

その後、Ｋ社の商品は、店頭の競合商品にない訴求ポイントを見いだして、独自のポジショニングを設定し、商品コンセプトを大きく変更しました。

Ｋ社の場合は、商品の中身は変えずに、商品コンセプトと、表現をすべて変えるというブランディングの取り組みです。

ここで注意しなければならないのは、消費者の目線に立つことです。冷静に考えれば、やはり、パッケージデザインが派手だから買うのではない、ということです。

もちろん、パッケージデザインが売場で目立つことは大切ですが、順番としては、まずターゲットのニーズに合った商品コンセプト、そして、それを表現した「言葉」が大切です。

ただし、健康食品は、薬機法の関係で、表現に制限がありますので、効果効能をストレートに謳うことはできません。

ですので、言葉の開発は非常に難しいですが、だからこそ、設定したポジショニングを魅力的に伝えるためのネーミングやタグラインは、相当なエネルギーをかけて開発する必要があります。

本当に良い商品であれば、競合商品が多数あるなかで、どう伝えればターゲットに興味関心を持ってもらえるかを、徹底して考えます。

結果、その商品は、「手足の冷えで悩む女性に喜ばれる」という点に特化して、コンセプトをつくり替え、ネーミング、タグライン、パッケージデザインを全面的にリニューアルしました。

デザインは、派手で目立つ色ではなく、あえてシックな落ち着いたトーンにしました。

また、冷えに効果があるということを証明した実験結果がありましたので、それをわかりやすく解説した店頭ＰＯＰもいくつか用意しました。

店頭にＰＯＰ展開が可能であれば、メーカーが用意して設置提案をするべきです。広告予算がない中小企業が、必ずやらなければならない施策と言っても過言ではありません。

消費者が、これなら手に取ってくれそうだと思えるキャッチコピーや見せ方を徹底的に考えて、少しでも売場で興味関心を持たせる努力は必要です。

繰り返して言いますが、中小企業の場合は予算が限られますから、店頭ＰＯＰしかり、そういったあまりお金がかからない施策で、効果がありそうなことを徹底して行い、商品やサービスへの興味関心を高めていくしかありません。

店頭ＰＯＰで、潜在ニーズを掘り起こすことができれば、それがないときと比較して、かなりの売上が期待できます。ですから、パッケージデザインと同様に、どうすれば買いたい、欲しいと思ってもらえる、シズルが効いたＰＯＰができるかを徹底的に考える必要があります。

しかし、ここで注意してほしいのは、ＰＯＰなどの販促テクニックだけに頼らないでください。あくまでも、戦略的に設計した商品コンセプトがあって、ＰＯＰ効果が最大化されると考えてください。単純な話ですが、唯一性があり、ターゲットのニーズに合った強い商品であるから売れるのです。スーパーブランディングの実現に欠かせないポイントです。

小売店のバイヤーを説得する、プレゼンテーション資料づくりのポイント

また、K社は、小売店のバイヤーへの商談で、これなら店頭で売れそうだと思える要素を盛り込んだ、シズル感のある、プレゼンテーション資料も綿密に作成しました。

このプレゼンテーション資料も重要です。

特に、大手小売店の忙しいバイヤーを説得するためには、マーケット全体像やトレンドから、この商品が求められる必然性、競争優位性、そして商品そのものが買い手に与えるベネフィットなど、しっかりとポイントを押さえた資料を用意する必要があります。利用者の声や、販売実績データなどもあれば、さらに説得力が増します。

また、時間がないバイヤーには、それをコンパクトにまとめて説明する、といった営業努力も必要です。

K社は、徹底的にブランディングに力を入れた商品、POP、そしてプレゼンテーション資料を武器に、これまでと同じ営業マンが、既存の取引先にプレゼンテーションに行きました。

すると、これまで扱ってもらえなかった大手小売店のバイヤーに次々と採用され、あっという間に全国小売の棚に並ぶ商品になりました。

その後は、グングンと売上が上昇していき、商品単体で、K社の年商を3割も押し上げるという好決算を終えることができました。まさにK社はスーパーブランディングを実現したのです。

派手なパッケージでないと売れないと言っていた問屋さんも、この結果には驚いていたそうです。

既存商品のリブランディングで売上を上げる！

売上が厳しくなると、

・新しい商品をつくる
・広告宣伝にお金をかける
・新しい販路開拓に力を入れる
・新たに腕の良い営業マンを雇う

というさまざまな選択肢が頭をよぎります。どの選択が良いかは、ケースバイケースですが、K社のように、現在の取り組みを見直すことで、売上を上げることもできるのです。K社は、既存の商品、経営資源を活かし、リブランディング（再度ブランディングを行うこと）をしたと言えます。

K社の取り組みは、

・商品の中身を変えずに、リニューアルをした
・広告宣伝はせずに、シズルが効いたPOPを用意した
・すでに取引がある販路を活かした
・営業マンはこれまでと同じ人で、プレゼン資料を充実させた

K社は、この後、ブランディングのコツをつかみ、次々とヒット商品を生み出すことに成功しています。新しい取り組みも重要ですが、K社のように足元を見直して、今ある商品・サービスを活かしたブランディングをできる会社になるということも大切です。

看板デザインで、新規客が８倍に増える！

一般消費者を対象にした店舗系のサービスでもスーパーブランディングは実現可能です。町を歩けば、飲食店、マッサージ店、クリニック、スポーツジムなど、実にさまざまなお店があります。当社でも過去に、いろいろな業種の店舗経営者から相談を受けてきました。

この店舗系のサービスで利用されるブランディングツールといえば、看板です。看板もしっかりと、シズル感を出すことで強力なブランディングツールになります。

以前、当社に相談に来られたＭクリニックは、看板デザインを変えて経営危機を乗り越えました。

当時、Ｍクリニックの院長は、

「実は近年、近くに競合店が増えてしまい、毎年売上が下降していき、ついにかなり厳しいところまで追い込まれてきています。このまま撤退するわけにもいかず、なんとかならないでしょうか」

とのことでした。相談に来られた当初は、かなり深刻な状態でした。

店舗系のサービスは、お店にそれなりの投資をして事業を行っているので、競合が増えてきたからといって、簡単に別の場所へ移動できません。とにかく集客をして、売上を上げていく必要があります。

このときに、あせって大型の投資をして、大規模な店舗改装などに踏み込む前に、見直してほしいのが看板です。

前述の自転車屋さんの話の通り、長くその町にある店舗でも、その店のことを知らない人、利用していない人は、意外とたくさんいるものです。

そのような潜在的なお客様に、看板を使って、シズル感のあるブランディングをして存在を伝えていけば、まだチャンスはあります。

すでにその店舗サービスが提供している、売りになるものがある場合は、まずは、その売りを柱として、ポジショニングの設定を行います。

そのうえで、どの場所に看板を設置すれば、近隣のターゲットに効果的に伝えられるかを検証し、また看板デザインについてもシズルを徹底的に意識してつくり込みます。

このときに、売りになるものがないという場合は、少し時間と手間がかかります。そのお店の売りになるもの、メインの商品・サービスの質や市場価値の向上は欠かせません。

売上低下の原因がそこにある場合は、看板をいくら改善しても意味がありません。課題から目をそらさずに、多くの人に喜んでもらえる、独自の商品・サービスを生み出す必要があります。

Mクリニックは、比較的年齢が高い女性に喜ばれるサービスを提供していることがわかりました。

これを最大の売りにして、新たに目立つ場所に看板を設置しました。

それは、通いたいと思ってもらえるような、シズルを徹底的に意識した、大型のブランディング看板です。

ブランディング看板を設置した直後から、新規患者が続々と増え、最終的には、看板設置前に比べると、新規患者の来院が8倍になりました。

店舗ビジネスに効くパンフレットの活用で、年商3倍増に！

ブランディング看板で、新規客が集客できたからといって、安心はしていられません。大切なことは、しっかりとリピート客を増やしていくことです。

店舗サービスの場合は、その店舗が提供するサービスのこだわりや、理念、姿勢などをしっかりと新規客に伝える必要があります。そして、そのためにできる施策は何であるかを考えます。

Mクリニックの院長のこだわりや、患者さんに向き合う姿勢をじっくりと聞いたときに、私は、そのクリニックで診療を受けたことがないにもかかわらず、とても信頼できるクリニックであると感じました。

その1つが、患者さんの立場に立った診療をするということです。普通のことだと感じられるかもしれませんが、ここには深い意味があります。

Mクリニックの院長が、他院に勤めていたときに、売上を重視して高額な自費治療を強くすすめたり、治療の程度を浅くして、回転率を重視するなど、患者さんの立場ではなく、クリニック経営の利益重視で診療をしている実態を経験したことがあったそうです。そのときに、Mクリニックの院長は、自分が独立したときには患者さんの立場に立った診療をしようと心に決めていたそうです。

Mクリニックでは、この「患者さんの立場に立った診療」を見える化しました。具体的には、「8つのお約束」として、Mクリニックのこだわりをパンフレットに落とし込みました。

そして、新規患者さんが来院された際には、必ずその内容を説明する仕組みをつくりました。

何を、どのような順番で伝えれば、新規患者にわかりやすく伝わるか、そういったことを綿密に設計して、パンフレットをつくっているので、あとは、その内容をスタッフが、丁寧に説明するだけです。このパンフレット制作でも、シズルを出すために戦略的な設計をして、Mクリニックの魅力を余すことなく伝える努力をしました。

一般的には、病気や怪我などで、近くのクリニックを利用する際は、なにげなく来院するという方も多いと思います。そこで、1回きりの利用で終わるか、また、次回以降も「リピート」してもらえるかは、商圏が限られるクリニック経営にとっては生命線となります。さらに、良いサービスを提供して口コミを発生させることも大切です。

「リピート」や「口コミ」づくりのポイントは、良いサービスを提供することが基本ですが、ここで問題なのは、良いサービスかどうかは、利用者にしっかりと言葉で説明しないとわからない場合も多いということです。

特に、クリニックなどの専門性が高い分野では、利用者の患者さんは素人です。ですから、提供側が、いくら誠実に一生懸命に良いサービスを提供しても、その良さが伝わっていなければ、店舗のブランディングにはうまくつながらないので注意が必要です。

結果として、Mクリニックは、新規患者が増えただけでなく、確実にリピート客も増えて、数年後には、年商は、3倍になり、個人クリニックとしては、全国でもトップレベルの売上規模になりました。

4　売上を拡大させる「プロモーション」がブランドを失墜させる

目先の売上に目がくらむ、残念なプロモーション

Ｍクリニックの例は、そもそも患者さんに共感を得られる、確かなサービスを提供している実態がありました。

そこで、その魅力をしっかりと届けるために、通いたいと思ってもらう、シズルを重視した看板やパンフレットを提供して、ブランディングに力を入れて、経営危機を乗り越えました。

その後、経営が安定してきたところで、内装を見直したり、新たにホームページをつくり替え、インターネットからの集客にも力を入れました。

このような話を、店舗系のサービスを提供している経営者にすると、あわてて看板を設置したり、パンフレットをつくったり、ホームページに力を入れようとする方が、なかにはいらっしゃいます。

まったく悪くないことですし、やらないよりはやったほうがよいと思いますが、重要なことは、まず、本当にお客様に喜ばれるサービスを提供しているかどうかを、真剣に考える必要があります。

もちろん、多くの方は、お客様に喜ばれるサービスを提供していると思いますが、ここでお伝えしたいことは、その店舗が持っている、競合店に真似できない、独自の売りがしっかりとあるかどうか、その点についてよく考えてほしいということです。

もし、売りがあったとしても、競合の中で埋もれていては意味がありません。しっかりと市場に向き合って、カテゴリーキラーといえるレベルの高いもので勝負していく必要があります。

繰り返しになりますが、カテゴリーキラーとは、競合他社を圧倒する差別化された強い商品・サービス・事業のことを指します。

サービスの中身や、商品の中身がしっかりとしないまま、なまじっか、集客だけに力を入れると、一時は売上が伸びますが、その反動で大変なことになってしまうケースも多いものです。

ある基礎化粧品を展開していた会社は、プロモーションがうまくいき、新規客を続々と獲得して、事業を大きくしていきました。しかし、お肌のトラブルなどの問題が報告されていたのにもかかわらず、それを改善せずに、どんどんとプロモーションを行っていった結果、大きな訴訟問題になり、最終的には社会問題化してブランドは失墜しました。

また、ある研修会社は、起業家向けにセミナーを提供していましたが、インターネットのプロモーションで新規客をどんどん獲得して、事業を拡大していったまではよかったのですが、その反動でサービスの質の低下を招き、多数のクレームを抱えてしまい、組織も内部分裂してしまう結果になりました。信用に欠けるサービスでは、ブランディングは難しいでしょう。

売上重視のみで突き進むと、重要な商品、サービスの質を維持、向上させる意識が希薄になってしまいがちです。売上と質、どちらも大切なのですが、どうバランスを取るかが大切です。

著名なブランドがなぜ、没落していくのか？

中小企業だけでなく、大手の会社や有名な高級ブランドでさえも、目先の売上に目がくらんで、やってはいけないプロモーションや、売り方に手を出してしまうことがあります。

あるファッション系の有名ブランドは、在庫が重くのしかかっていたため、既存顧客を中心として、大規模な安売りセールをやりました。

これまで、そういった取り組みをしてこなかった同社ですから、多くのお客様が集まり、在庫をうまく処分できました。おそらく、この安売りセールで経営数字的には改善したと思われますが、その高級ファッションブランドに対するイメージダウンは大きかったと思います。

なぜなら、私の知り合いの社長は、「あの高級ブランドは好きなので、よく買いに行くが、あんな安売りセールをやるなんてイメージが悪いなぁ。少しがっかりした」と言っていたからです。そのように感じた優良顧客は多かったと思います。

もちろん、招待されて喜んだ顧客も多かったと思いますが、そういう顧客は、真の優良顧客とは言えないでしょう。

お金持ちの方は、高価で他の人が持てないような価値のあるものを所有したい、というニーズがあります。それを理解してくれていると思っていた大好きなブランドが、たった一度でも安売りセールを行うことは裏切りに等しい行為です。

また、そのような売り方をしたこと自体が口コミで広がれば、招待されていない一般のお客様にとって、話題にはなっても、ブランドの価値を上げるどころか、下げる口コミになることは言うまでもありません。

安売りはしないまでも、自社の商品価値を下げてしまうような販路で、売り出すというケースも見受けられます。

ある外資系の高級菓子メーカーは、百貨店や、おしゃれでイメージの良い街の路面店で売っていたのですが、最近は、コンビニでも売るようになってしまいました。

私は、たまにそのお菓子を手土産で利用していたのですが、そのことを知って、手土産にすることはなくなりました。

販路を広げることは、売上に大きな貢献をします。しかし、その商品に合った売り場をよく考えないと、これもブランド価値を下げることになってしまいます。

任期がある大企業の社長は、その任期中に、あの手この手で売上を上げることに必死です。そして、任期満了で他の会社に移ってしまう方も少なくありません。もし、任期中に、売上至上主義で、ブランド価値を下げてしまう売り方を連発させてしまったらどうでしょうか。

目先の売上は上がると思いますが、残された社員は、大きく下がったブランドイメージを引き上げることに大変な苦労を強いられます。そして、手遅れの状態になればなるほど、次に就任する経営者も売上回復を使命としてやって来ますから、さらに打ち手が目先の売上に走る施策に偏りがちです。そうして行く末は、有名なブランドでさえも没落していってしまうのです。

中小企業のメリットを活かせる「時間の戦略」

中小企業は、社長が会社のオーナーである場合がほとんどです。会社のオーナーということは、あらゆる決裁権を持っています。

例えば、今年は売上目標をいくらにするか、今後5年間でどのぐらいの売上規模を目指すか、こういったことは、中小企業のほとんどは、オーナーである社長が決めます。

極端な話をすれば、毎年、成長拡大を求められる大企業とは違い、売上をたくさん上げることができるにもかかわらず、経営戦略としてやらない、と決めることもできるのです。実際にそのように、売上に上限をつけている会社も存在します。

東京都内で、顧問先企業を２０００社以上持つＮ会計事務所は、中小企業を元気にするというコンセプトで、素晴らしいサービスを提供されています。

そのＮ会計事務所は、年間10％以上の成長はしないと定めています。理由は、それ以上の成長を目指すと、必ず現場社員に負担がかかり、サービスの質の低下を招くという考えからです。

顧問先企業に対するサービス、提供商品の質を高めることに徹底的に向き合い、30年以上もコツコツとその積み重ねを行っています。ですから、中小企業からの信頼は絶大です。

結果として、新規客の開拓は紹介のみで、毎年10％の成長が実現しています。

もし、このＮ会計事務所の社長が、毎年30％の成長を目指すと決めていれば、紹介のみに頼っていては実現できません。厳しい営業ノルマを課したセールスをしたり、お金をかけて広告宣伝活動をしたりということも必要になってくるでしょう。成長を急ぐことも、急がないことも、社長が意思決定できるのです。これは、中小企業のオーナー社長の特権です。

例えば、「10年かけて、業界をアッと言わせる、真に顧客に喜ばれる商品・サービスを生み出す」と目標設定することもできてしまうのです。

以前、大手の飲料メーカーの創業者の方とお話させていただく機会がありました。そのときに、次のようなことを言っていました。

「私は、20代で会社をつくりました。そして、世の中の多くのお客様に喜んでもらえる、これまでになかった新しい飲料の開発に挑戦しました。そのときは、小さな会社でお金がなくてね、大変な思いをしながら経営していました。絶対諦めない、そういう強い想いで、失敗を重ねながら、商品開発にチャレンジしていました。そして、商品ができて売れるようになるまでに、気づいたら10年もかかってしまいました」

その後、その小さな会社は、売上規模で数千億円の大企業に成長しました。まさに、カテゴリーキラーを生み出すのに10年の歳月をかけて、自社独自の飲料市場をつくったのです。今では、誰もが知るその分野のカテゴリーブランドになっています。

大企業の社長は、任期中の数年間に成果を出すという厳しい制約条件があります。その制約条件がない中小企業のメリットは、時間を味方にして戦うことができます。目先の売上に追われるだけでなく、長期視点で戦略を立てるということも大切です。

5　法人の新規開拓に欠かせない「展示会」とブランディング

展示会ブースにシズルを！

前著の『儲かる10億円ヒット商品をつくる！　カテゴリーキラー戦略』でも少しお伝えしましたが、法人の新規販路開拓に、「展示会」の活用は有効です。

「展示会」は、法人の新規開拓に有効であるにもかかわらず、その展示ブースの設計方法や運用方法などの考え方、戦術がまだまだ確立できていない分野です。

ですから当社では、創業来10年以上にわたって、この課題に向き合い、コンサルティングサービスとして、展示会の戦術理論の構築と、実践を繰り返し行ってきました。

前著では、展示会をうまく活用する重要ポイントとして、まずは、カテゴリーキラーといえる商品・サービスを生み出すべきであるとお伝えしました。そして、いくつかの成功例をお伝えしました。

よく展示会で見かけるのは、何種類もの商品を並べていたり、いろいろなサービスを紹介しているものの、一体何が売りか、よくわからない展示ブースです。

いろいろと良い商品やサービスをお持ちなのはわかるのですが、欲張っていろいろと打ち出せば打ち出すほど、そのブースは受け手にとって散漫なイメージになり、興味を持たれにくくなってしまいます。

出展している本人は、1日何時間もその場に立っているわけですから、あれもこれもアピールしたいという気持ちはわかります。しかし、展示会の来場者の立場になってみてください。わずか数メートルのあなたの展示ブースは、目の前を歩いている人にとっては、一瞬で通り過ぎます。ですので、わずか数秒しかアピールできない媒体なのです。

ここで何が必要かといえば、やはり立ち寄りたいと思ってもらう「シズル」です。展示会ブースは一枚の広告と見立てて、シズルがあるブランディングをする必要があります。そうすれば一瞬で何を伝えるべきかに意識が向くはずです。

あなたの会社にいろいろな商品があるとすれば、その展示会に来る参加者のニーズに一番合う商品や、メインで訴えるべき「売り」を徹底的に考える必要があります。展示会ブースのシズルを出すうえで、一番重要な点はここにあります。

ブースのデザインをどうするかということよりも、この展示会で、何を売りにして打ち出し、販売につなげていくか、という設計のほうが何倍も大切です。

展示会のブースは、集客が命だからといって、たくさんの人に立ち寄ってもらうことが何よりも大切だという考え方もありますが、果たしてそうでしょうか?

成約につながらないお客様がたくさん集まったとしても、無駄な営業稼働がかかるだけです。展示会で重要なことは、あなたが売りたい商品の見込客が続々と集まってくる、そういうブースを設計することです。

会場に人がいなくても、見込客が殺到する！　展示会ブースづくりのポイント

先にご紹介した、特殊な金属の加工を行うS社は、当社のカテゴリーキラーづくりのノウハウを活かして新商品を開発しました。特殊なコーティングを施した、業界では新しいカテゴリーの商品です。

この分野では、先行していた競合商品が存在しましたが、その競合商品との差別化や、それを表現するブランディングに力を入れました。

また、興味を持ってもらったお客様に、その魅力をしっかりと伝えるためのプレゼンテーション資料も用意して、発売に向けて着々と準備を進めました。

そして、お披露目の場としては、その新商品にふさわしい展示会を活用することになりました。

展示会出展に向けて、まずやらなくてはいけないことは、展示会出展のための企画書づくりです。企画書では、目的や目標の他、ターゲット設定、ターゲットが抱えるニーズなどを明確にします。そして、シズルを考慮した言葉づくり、ブース内の導線設計（人の流れ）、必要なブランディングツールなど詳細を記述します。

しっかりと集客できるかどうか、ブース設計の成否は、この企画書づくりにかかっています。この企画書ができた段階で、ブースのデザイン・設計・施工を依頼する協力会社を選定します。

このときに注意してほしいのは、その協力会社がしっかりと、こちらの企画意図を理解する力があるかどうかを見極めることです。そのうえで、デザイン力やコストを加味して決定します。

この中で、コストよりも、企画の理解力とデザイン力は非常に重要です。なぜなら、企画の理解力とデザイン力がないと、シズルが効いた展示ブースのブランディングはできないからです。

ブースにシズルがないと、集客できません。仮に、費用30万円の低コストのブースであるけれど集客できないものと、２００万円かかるけれど、しっかりと見込客を集客できるブースであれば、どちらが良いブースでしょうか。言うまでもなく後者です。

S社は綿密な企画書づくりを行い、その後、ブースの協力会社の選定、そして実際のブースの設営、当日の運営フローまで、手を抜くことなく一生懸命に準備を行いました。

そして、いよいよ当日の展示会を迎えました。私も初日に会場に足を運びましたが、驚いたのは、その展示会そのものが、非常に人が少なかったことです。

はっきり言えば閑散としていました。これはまずいと思い、心配してS社のブースを訪問しました。

するとそこには、S社のブースだけに人だかりができている光景がありました。私が到着すると、社長が笑顔で迎えてくれて、「まわりは閑散としていますが、おかげさまで自社のブースには、興味を持ったお客様が次々と立ち寄ってくれています」と、嬉しい報告をいただきました。

最終的には、S社はこの展示会で、５００名を超える見込客リストを獲得することができました。さらに、この展示会を機にご縁ができた大手有名企業と直接契約が決まり、大きな一歩を踏み出すことができました。

第5章　スーパーブランディングで会社を大きく発展させる

1　商品単品から商品群へ発展させる

カテゴリーキラーからカテゴリーブランドへ

前著『10億円ヒット商品をつくる！　カテゴリーキラー戦略』でも紹介した「カテゴリーブランド戦略フレームワーク™」。

この中で、会社の強みを活かした単品での開発、つまりカテゴリーキラーから、会社の強みを活かし、かつ同一カテゴリーで3つ以上の開発を行うカテゴリーブランドへの発展の重要性をお伝えしました。

そのカテゴリーの中で強固なブランドとして君臨するためには、単品での成功にとどめてはいけません。

継続的な商品やサービスの開発を行い、そのカテゴリーにおける独自のポジションを獲得し続けていくことが何よりも大切です。

そのためには、本書でお伝えした「シズル理解マップ」を活用して、まずは単品でのカテゴリーキラーをつくり、そのブランドイメージを活用しながら他の商品にも派生させます。

そして、会社全体でのブランディングを行うことによって、商品・サービス・事業全体のブランドイメージを統一させ、顧客にとって、魅力的なブランドとして認知してもらいます。

〔図表８　カテゴリーブランド戦略フレームワーク™〕

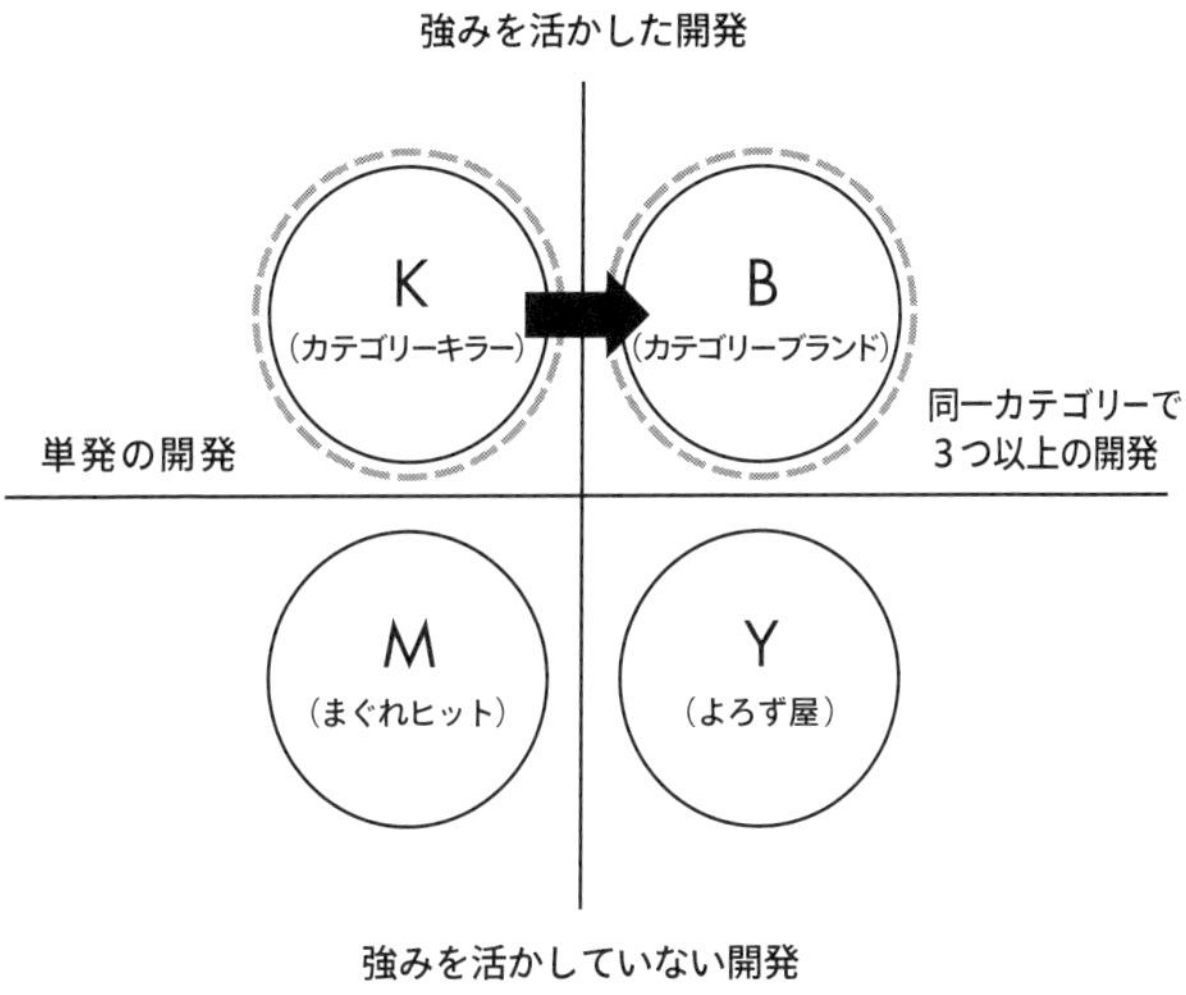

1つのカテゴリーキラーにとどまらず、
カテゴリーブランドを創造していく！

会社名にまで発展させたカテゴリーキラー

カテゴリーキラーからカテゴリーブランドへ、また会社全体のブランドにまで発展させていった、わかりやすい事例としては、商品やサービスのブランド名が、会社名になってしまうことでしょう。

例えば、近年、成長著しいＺＯＺＯＴＯＷＮは、もともとは、株式会社スタートトゥデイという会社名でしたが、会社名よりファッション販売サイトのＺＯＺＯＴＯＷＮの認知度が高まることによって、２０１８年10月に株式会社ＺＯＺＯに変更しました。

この会社も、アマゾンが書籍のＥＣ（Ｅｌｅｃｔｒｏｎｉｃ Ｃｏｍｍｅｒｃｅ：電子商取引）販売というカテゴリーキラーで成功したのと同様に、まだアパレルをＥＣで販売していなかった時代からスタートして、一大マーケットを形成したカテゴリーキラーＥＣです。

また、２０１６年7月には、健康コーポレーション株式会社という会社が、ＲＩＺＡＰグループ株式会社に変更したのも有名です。

ダイエットのカテゴリーキラーとして登場したＲＩＺＡＰ。その後は、ＲＩＺＡＰブランドで、ゴルフ、英会話、料理教室など、カテゴリーブランド化を図り大成功しました。

しかし、その後、健康事業とは関わりの薄い会社を次々と買収した結果、買収企業の再生はうまくいかず、２０１８年11月の決算発表の席で赤字となることを伝えました。やはり自社の強みが活きない事業やカテゴリー、また本業との相乗効果が望めない事業は、そう簡単にはコントロールできないのでしょう。

2　ブランディングを通じて組織を変える

組織づくりへの影響

組織づくりや人材育成は、経営者にとって、いつの時代も重要な課題であることは間違いありません。

これまでブランドを通じた戦略の話をしてきましたが、組織づくりや人材育成となると、ちょっとテーマと話が違うんじゃないの？　と思われる方もいらっしゃるかもしれません。

しかし、実はブランディングを通じて組織を変えていくことができるのです。もちろん、ブランドをつくっていく目的は、顧客にとってのものに変わりありません。ただ、顧客に向けた取り組みが、結果として自社組織のためになるといったら、ブランディングに取り組まない手はないと思いませんか。

ある家庭用雑貨を販売していたメーカーは、長らく売上低迷にあえいでいました。当社に新商品の開発およびブランディングという案件でコンサルティングの依頼がありました。

結果として、業界や市場の中で突出したカテゴリーキラーを生み出すことに成功し、メディアにも多く露出し、売上も上がりました。

その結果、何が起きたかというと、次々と大企業から転職したいと申し入れが増えたのです。

働きたくなる会社か

前述の現象には、何が起きているのでしょうか。

それは、面白いことや楽しいことに取り組みたい、自分の力を試したい、自分もそのようなブランドとなる商品をつくってみたい、といった優秀な若者がいて、それを実現できる会社だということを感じて、応募してきたのです。

今も多くの会社で、人材不足や採用難が続いています。しかし、会社や商品として魅力的なブランドになっているのか、働きたいと思える会社なのか、というと多くの中小企業が、そのことに対して真摯に取り組んでいるとは思えません。

もちろん、カテゴリーキラーを生み出すためには、経営者を含めた全社的な取り組みと、やり抜く意思が何よりも大事です。そこを突破しなければ、残念ながら、その会社に興味を持ってくれる方はおりません。

また、比較的大変な現場仕事を伴う事業を行っていたある会社では、心機一転、会社名からロゴマーク、パンフレットやウェブサイトなどすべてのツールを見直し、その結果、今でも安定して新入社員の採用ができています。

職場の雰囲気も一新され、若手が活躍できるような職場に生まれ変わりました。まさに働きたくなる会社になったのです。

もちろん、お客様からの評判も良いとのことです。

働きたくなる場所か

さらに、採用や社員のモチベーションを上げていくために、オフィスデザインも重要なブランディングツールになります。

会社を選ぶ際、同じような職種や内容、給料であれば、おしゃれなところで働くか、汚いところで働くか、どちらを選ぶでしょうか。

また、現在働いている人も、気持ちの良い、おしゃれな空間で働くか、それとも古くさいダサい空間で働くのと、どちらのほうがモチベーションが上がるでしょうか。

意外とそのことに留意しない経営者も多く、いまだに古き良き時代のオフィスで、「なかなか良い人材が取れない」と嘆いている話を聞くと、もう少し社員満足度の向上のために投資をしたほうがよいのでは、と思うことがあります。

そもそもブランディングは、顧客にとって価値が高いと感じてもらうための活動ですが、その活動は、社員や今後新たに迎える社員に、この会社で働く価値が高いと感じてもらうことへもつながります。もちろん、オフィスデザインなどは大きな投資が必要になるので安易にはできませんが、余力があるときには、一度検討してもよいと思います。

このように顧客や社員にとっても、目に触れるものすべてがブランディングの結果であり、大きな作用を及ぼします。

そこで、その柱をつくるために必要なもの、それが「戦略方針書」です。

想いだけではビジョンは成し遂げることができない

経営者の想い、会社の想いを持って、社会の中で役に立つ企業になることは素晴らしいことです。何よりも、働いている社員が、何のために働くのか、その目的を持ちながら意義を感じて働くことができるからです。

しかし、どんなに素晴らしい想いやビジョンを掲げても、会社がどこに向かっているのかわからない、と言われてしまう経営者が少なくありません。毎日、ビジョンや経営理念を唱和して、社員には伝えているのにもかかわらず、です。なぜ、そのようなことが起きるのでしょうか。

実は、想いだけを持っていても、ビジョンには辿り着けません。そこには、どのようにしたら辿り着けるか、といった行き方、つまり戦略を合わせて提示しなければならないのです。

このことを理解していない経営者が、いまだに多くいることに驚きを隠せません。

「経営者はビジョンを示し、そこにどのように辿り着くのかを考えるのは社員の役割なのでは?」と考えている経営者が多くいます。

もちろん組織が大きくなり、取締役や執行役員などの経営幹部、または事業部の責任者である事業部長を配している会社では、彼らにも戦略を描く、その役割を担う必要があります。

しかし一般的な部課長レベル以下の社員に対して、そのことを期待すること自体が間違っています。なぜならば、基本的には、誰に対して何をどう売るのかの戦略を受けて、それを実行することが社員の役割だからです。

経営トップは戦い方を示せ！

それでは、事業部長クラス以上の経営幹部は、何を考えるべきなのでしょうか。

それはまさに、社員に示すための、何を誰にどう売るのか、といった戦略です。

戦略とは単純化すれば、そのようなことです。そこには顧客もいるし、競合もいます。そのことを踏まえて、どのように戦えば、ビジョンという目的地に辿り着けるのか、このことを社員に提示する必要があります。

そしてさらには、それを書面、つまり「戦略方針書」に落とし込み、その戦略方針の理解を社員に促します。

このような戦い方、攻め方をすれば当社は勝てる、だから、これらの方針に従って一生懸命戦っていきましょう、と社員に一致団結を求めるのです。

もちろん現場レベルでの工夫は社員に求めてもよいでしょう。

しかし、基本的な戦い方から外れてはいけません。

かつて戦国の世で、織田信長は銃をいち早く取り入れて、その戦い方を得意としていました。

しかし、その銃の部隊の１人が、俺は銃が嫌いだから違う武器で戦いたい、と言っても、それは戦略として決まったことであり、許されません。

もちろん敵が間近に迫り、相手が槍で突き刺そうとしてきたら、現場レベルで判断しながら剣を抜いて戦うことが求められます。それが現場での工夫ということです。

戦略的な束ねとは

このように戦い方を示すことは、戦国時代でも現代でも同じことです。経営トップ自らが、戦い方を示して、その戦い方に従って社員に実行してもらうのです。

その戦い方をまとめたものが戦略方針書です。当社では、「カテゴリーブランド戦略方針書」と呼んでいます。まさに企業が、商品やサービスをブランドにしていくための戦い方が記載されます。

そして、その戦い方をすれば、自ずとビジョンに近づけるのだ、ということを想いを持って伝えていくことが大切です。

組織づくりを考えるとき、実際の戦い方を示すことで、ようやく組織が一致団結して戦うことが可能になります。

それを「戦略的な束ね」と呼びます。

つまり組織を束ねていくうえで大切なことは、経営トップ自らが戦略を示すことなのです。

この戦略方針書に従って戦わない社員が出てきたら、それは考えを直してもらうか、退社してもらうか、どちらかしかありません。

戦国時代であれば、その戦略に従わなければ、即、首が飛ぶでしょう。

想いも違う、戦い方も違う社員を野放しにしておいては、組織に淀みが出て、必ず内部崩壊の道を辿ります。そうならないためにも、しっかりと明文化して社員に提示していく、ある意味で戦略方針書とは、経営のルールブックでもあるのです。

組織にもある「慣性の法則」

この戦略方針書がないことで、苦労している企業が多くあります。

良くも悪くも、組織には慣性が働きます。

どのようなことかというと、うまくいっている企業は、うまくいっている理由として、良い社風や風土があるため、目に見えない力が働きます。だから社員も、その目に見えない力によって、場の力に支配されて、前向きに働いていきます。

一方でうまくいっていない会社は、暗雲としたような雰囲気がいつも立ち込めているため、どちらかというと他力本願で自らは積極的に取り組まず、批判家で評論家、絶えず誰かのせいにして、本人はノホホンと、俺は精いっぱいやっているんだ、と誇示しています。

この場に支配されると、その他の社員にも著しい早さで伝染し、もはや組織としての活力を取り戻せず、そして組織も動かず、経営者が孤軍奮闘しているケースが往々にしてあります。

最悪なのは、経営者自らが社員のせいにして、さらには社員は馬鹿だ、と言う始末。馬鹿呼ばわりしている社員を雇ったのは、その経営者なのにもかかわらず、です。

このような状態になる前に、もしくはすでになっていても、まず行うことは戦略方針書を作成して、社員に示すことです。

まずは経営者が考えていること、想い、戦略、そして社員に対する想い、そのことを明文化し、社員に想いを持って伝えていくことでしか、その空気を変えていくことはできません。

戦略方針書によって業界随一の企業ブランドとなる

ある輸入雑貨商社のY社は、海外から輸入してきた数々の商品を、日本で長らく販売しながら、業績も右肩上がりで成長してきました。

あるとき、大口の仕入先であったメーカーから、突然取引停止を言い渡され、売上の7割を失いました。

その後、一気に赤字に陥り、死の淵を歩くわけですが、当時、当社と一緒につくり上げた戦略方針書をもとに、それに定めたカテゴリーキラー商品を社員一丸となって販売に奮闘しました。

その甲斐あって、そのカテゴリーキラー商品が多くの売上を稼ぎ出し、わずか1年余りでV字回復を成し遂げ、頑張った社員にも多くのボーナスをあげられるところまでになりました。

その会社の取り扱う商品は、どれもアパレル雑貨業界で知らない人はいないと言えるほど、いくつものブランドになりました。

さらに、会社自体の取り組みや姿勢が、有名な雑誌にも取り上げられ、アパレル雑貨業界において、会社自体が1つのブランドとして知れ渡るようになりました。

何よりも嬉しいことは、戦略方針書をつくりあげた当時の、一介の営業マンが、その実績と頑張りが認められて、営業のリーダーとして抜擢されて、今も頑張り続けていることです。

さらに、働いている社員のモチベーションも高く、また、この会社で働きたいという人材の応募が絶えないということです。

3　受託（下請け）会社に未来はあるのか？

受託ビジネス脱却の是非

当社には、いろいろな相談が持ち込まれます。

半分は、ＢｔｏＣ（企業対消費者取引）、もう半分は、ＢｔｏＢ（企業間取引）です。

ＢｔｏＢのビジネスのなかでも多いのは、受託ビジネス、つまり下請けで商売を行う会社です。

いわゆる「言われたものをつくるビジネス」だけでなく、ＯＥＭ（相手先ブランドの製造）もありますし、請負型で行うビジネスなども、それに入ります。

では、ある意味で相手先の言いなりになってしまうような下請けに未来はなく、それだけをやっている会社はよくないのか、というとそんなことはありません。

相談の１つに、

「先生、下請けのビジネスで利益率が下がり、事業が先細ってきたので、できれば自社ブランド商品をつくりたいんです」

というのがあります。

もちろん当社としても、どうしても自社ブランド商品をつくりたい、という想いが強い場合は止めません。

御社のチーズはどこへ消えたか?

しかし、事業全体を眺めたときに、ただ単に自社ブランド商品が儲かりそうだから、といって安易な選択肢として、そのことを進めようとするのはあまりおすすめしていません。

なぜならば、自社ブランド商品をつくったとしても、それを販売していくための販路やプロモーションなど、これまでのビジネスとは違うやり方が求められ、すぐに、また簡単に売上が上がるものではない場合が多いからです。

ここで考えてほしいことは、本当に今の下請けで行っているビジネスが、このままやっていっても、ジリ貧になってしまいそうか、ということの見極めです。

例えば、公共事業などを頼りにビジネスを行ってきた会社が、その予算がどんどん減っていくなかで、いくら公共事業の仕事を頑張っても、予算自体が減れば、そのビジネスは厳しいものになっていくのは必然です。

そのマーケットがどのようになっていくのかを推測することは、受託ビジネスに限らず、どんな商売でも大切な視点です。

『チーズはどこへ消えた?』というベストセラーの本があります。

目先のチーズにとらわれてしまい、だんだんとジリ貧になっていくねずみと、次のチーズを探し求めて、もっと大きなチーズに出会い、幸せに暮らすねずみのお話です。

下請けビジネスを突き詰めろ！

このチーズのお話と同じように、ただ受け身でお客様から仕事が降ってくることに慣れてしまったり、待ち構えるだけで、あぐらをかいていたら、突然取引停止の話が来たときに対応できなくなります。

ここで私が言いたいことは、仕事を発注するお客様に対して、魅力ある、他にはない唯一無二の強み、技術やサービス、商品などが提供できているか、ということです。

そして、それを魅力的に伝えているか否かということも大切です。

他にはない強みや技術がとがっており、競合他社には真似できないものであれば、それは発注する側も手放せない状況になります。発注している会社も、唯一性のある下請けを競合他社に取られてしまえば、競争優位性を発揮できなくなる可能性があるからです。

つまり、選ばれる下請け会社になっているかどうか、「スーパー下請け」として、研ぎ澄まされた存在になっているかどうか、このことを突き詰めていくことを、まずは考えてみることが大切です。

業界における、まさにカテゴリーキラーとしての存在になっていくことこそが、利益率の向上や販路拡大にもつながっていくことになります。

下請けビジネスを行っていても、まずは会社や技術、商品、サービスが、しっかりとお客様へ魅力的に伝わっているか、つまり「スーパーブランディング」できているかどうか、をいま一度、問うてみてください。

自社ブランド商品の開発は余力で行え！

ただそれでも、自社ブランド商品を持ちたい、チャレンジしてみたい、という方もいらっしゃいます。

取り組まれること自体は大変素晴らしいことだと思います。

しかし、いきなり下請けの仕事をやめてしまうということではなく、下請けの仕事は受けつつも、自社ブランド商品を開発して、少しずつ、その割合を増やしていくことを推奨しています。

つまり、下請けの仕事と、自社ブランド商品販売のハイブリッド経営です。

下請けの仕事で安定的にビジネス展開をして、ある程度、余力があるときに自社ブランド商品も開発して販売していくのです。

余力がなかったり、厳しいときには、あまり自社ブランド商品に手を出すべきではありません。すぐに日の目を見るものでもありませんので、忍耐強さとやり続けていく根気が必要となり、余力を持たせた中でやらなければなりません。

それには、キャッシュ（現金）がなければ持ちこたえることができません。そのための資金を横にどかしておいて、貯めておくことが次なる投資を支えてくれます。

さて、当社でも、これまで長らく下請けビジネスを行ってきた会社が、カテゴリーキラーとしての自社ブランド商品を生み出すお手伝いを、いくつも行ってきました。

それらの事例を紹介しますので、自社ブランド開発の参考にしてください。

会社も売り込もう！

例えば、公共事業を主体とした受託ビジネスを長らく行ってきたある会社がありました。公共事業の予算縮小とともに、本業の売上が下がり、自社ブランド商品を開発しましたが、なかなか売れず、商品は在庫の山となり、苦慮していました。

その自社ブランド商品は、それまで会社として蓄積してきた技術を投入して開発されたものでしたが、その商品の良さが伝わっておりませんでした。

そこで、スーパーブランディングを行って、結果として全国規模の大手流通に採用され、現在では会社の売上の３分の１を占めるほどの自社ブランド商品に成長しました。

また、ある食品メーカーを営む経営者が、自社ブランド商品を開発したいと相談に来ました。これまでの下請けビジネスでは、だんだんとジリ貧になってきたのです。

そこで、商品開発を行い、販路開拓には展示会を利用して、その商品を売り込もうということになりました。

展示会では、ただ単にその新商品を並べるだけではなく、その会社の強みや特徴、技術など会社としてできること、魅力も合わせて訴求していきました。

その結果、その新商品が売れたばかりでなく、食品加工の技術力のある会社だと認識され、その新商品のＯＥＭをたくさん受注したのです。

その後、その会社は大きく売上を伸ばすことができました。

マーケティング視点を養え！

自社ブランド商品を開発して、自社での販売に力を入れることで、結果としてOEM受注を増やす取り組みをしている経営者もいます。

この会社は、雑貨メーカーですが、いくつもの新商品を開発して自社の販路でどんどん売っていきました。その商品の成功を見て、他社から同じものをつくってほしいと頼まれて、その他社のブランドでも生産を行います。

このOEM受注の取り組みの利点は、請負型のため、自社ブランド商品と違って在庫リスクや返品がないことです。

その結果、この会社の業績は右肩上がりです。このような状態に持っていくためには、絶えずマーケティング視点を養うことです。つまり最終ユーザーである消費者のニーズをどれだけつかみ、商品開発に反映できるかが問われます。簡単ではありませんが、結果的に有利にビジネスを展開できる強みになります。

またあるインテリア資材メーカーは、発注会社からの不毛な値下げ要求に耐えかねていました。比較的体力を蓄えていたこともあり、あるとき、自社ブランド商品に一気に切り替えました。このまま下請けを続けていても、売上は立つものの、利益が出ない状態が続いていたからです。

ある分野の商品のみに絞り込んで、開発を行い、その分野におけるカテゴリーブランドとして知名度を上げることに成功し、売上、利益ともに大きく増やすことに成功しました。

4　ニッチな会社でもスーパーブランディングで成功できる！

厳しい業界でも、着実に売上を伸ばす会社がある

最後に、本書を締めくくる事例を紹介します。

ニッチな業界で当社の指導を最大限に活かして、「スーパーブランディング」を実現されている会社です。

「おかげさまで、自社の新商品が売れただけでなく、その影響で受託のお仕事も増えました。年商は、1・3倍に増えました」

当社の指導を受けられた経営者からの嬉しいご報告でした。

こちらの会社は、金型製造を中心としたものづくり企業のR社です。

R社の社長は、2代目の経営者で、事業を継承した直後に、当社の指導を受けにいらっしゃいました。

それが、今から7年ほど前のことです。

指導を受けに来られた当時は、いくつかの会社をM&Aした直後でした。

そして、今後の事業をどうやって展開していくか、どうやって組織をまとめていくか、そういったことに課題を持たれていました。

会社の未来を力強く宣言する！

社長は、これらの課題を解決していく1つの解が、マーケティングができるようになることではないか、ということをおぼろげに意識されていました。

そこで、知人の紹介で、中小企業専門で指導を行っているマーケティング会社として、当社の指導を受けにいらっしゃいました。

当時は、M＆Aで大きくなった組織の方針を固めるために、戦略的な視点で事業ポジショニングを考えて、会社のブランディングに挑戦されました。

当社の指導を受けたR社は、次のコーポレートメッセージを打ち出しました。

「アイデアと技術力のものづくりパートナー」

同社は、当初は受託の仕事が１００％でした。その受託の仕事を、単に頼まれたモノをつくるだけではなく、アイデアと技術力を提供できるパートナーとして存在すると定義しました。

また、アイデアと技術力を活かした自社商品の開発にも挑戦していくという力強いメッセージでした。

会社の未来を描いた戦略方針の策定、そして、会社のブランドイメージを刷新するプランニングまでを社長自らが作成しました。

当時、R社社長が自ら作成したプランニングが、素晴らしい内容に仕上がっていたことを記憶しています。

初めての自社商品が、世界的に売れるヒット商品に！

その後、R社は、当社がお伝えしたカテゴリーキラーづくりの戦略ノウハウをフル活用して、さっそく初めての自社商品の開発に挑戦しました。その商品とは、スマホ関連のアクセサリーグッズです。シズルが効いた素晴らしい商品ができました。

結果としては、発売直後から、メディアで多数取り上げられ、４万個以上売れる同社初のヒット商品になり、日本のみならず、世界40ヶ国以上に広がる人気の商品になりました。テレビや新聞などメディアに出ると、商品だけでなく、会社も紹介されます。

その際には、「アイデアと技術力のものづくりパートナー」の会社として紹介されますから、会社が向かうべき方向が、実績を伴って社員に認識されていきました。

この最初のヒット商品は、まさにカテゴリーキラーとして、売上をつくっただけでなく、同社の組織、機運を1つにまとめ上げていきました。

当社の指導を受けて、新しい挑戦をする会社の中には、R社のように、戦略を通じて組織が1つになっていく例が少なくありません。

ここで重要なことは、経営者が先頭に立って、責任を持つこと、絶対に諦めないという気持ちで、結果を出すことにコミットすることです。

そして、たとえ小さくても、会社が希望ある未来に向かって進んでいるという実感をつかめれば、社長が大きな吸引力となって、組織は1つにまとまっていきます。

下請け脱却の自社商品に予約が殺到！

R社は、その後も手を止めることなく、2つ目、3つ目の商品開発に挑戦していきました。

そして最近、3つ目の商品が発売となりました。こちらは、医療業界のドクターのお役に立てる、特殊な器具です。機能もブランドイメージも素晴らしい商品ができました。

この商品は、業界大手の商社との契約が一発商談で決まり、一気に全国の販路を確保しました。

普通は、新規販路の開拓において、かなり苦労をするものですが、この業界の大手商社との商談は、商品の発売前に契約が決まったのです。

そして、発売直後には、この商品を希望するドクターからのモニター依頼が殺到し、現在は、5ヶ月先まで予約でいっぱいの状態です。同社からは、次の報告をいただきました。

「当社の商品開発は、いずれも教えていただいた、カテゴリーキラーづくりに欠かせない戦略ノウハウをしっかり活かしています。今でも頭の中にしっかり入っています。

当然、ブランディングにも力を入れて、新しい挑戦を積み重ねてきました。おかげさまで、自社商品が売れるようになっただけでなく、受託の仕事も増えて大忙しです。

ホームページからの問い合わせも、質がグングンと上がっています。

以前は、当て馬のような相見積もりの問い合わせが多かったですが、今は、もっと川上の技術的な相談やアイデアを必要とする内容など、まさに当社がほしいお客様からの問い合わせがくるようになりました。しかも、ほぼ毎日くる状態です」

あなたの会社の「PDCA」が回らない真の原因とは

・売れる商品を生み出して、会社、組織に一体感が生まれる
・そして、価格競争に陥らない仕事が増える
・当然、売上、利益が増え、利益率は高まる

まさに、この流れは、R社社長自らがPDCAサイクルを回し続けてつくった好循環です。

PDCAサイクルとは、Plan（計画）→Do（実行）→Check（評価）→Action（改善）の4段階を繰り返すことによって、業務を継続的に改善することです。

同社が回したPDCAサイクルは、カテゴリーキラーづくりに必要なノウハウ、つまり、自社商品を市場に適合させる戦略ノウハウを構築し、これを繰り返したということです。

よくPDCAがうまく回らないという相談を受けますが、大きなポイントは、最初の「P」です。当社の指導では、この「P」にしっかりと時間をかけてもらいます。

Plan（計画）がしっかりとできていないと、Do（実行）がうまくできないばかりか、Check（評価）もできず、何をどうAction（改善）したらよいかわからなくなります。

例えば、狙っていく市場のメインターゲットは、ずれていなかったか、そのターゲットの抱えるニーズの仮説は合っていたか、そのターゲットに伝えるべきメッセージは本当に心に響いていたか、こういったことは、Plan（計画）の段階で、よく検討されていなければ、実行、評価、改善はできません。

戦略づくりのレベルアップをする方法

もしあなたの会社が、自社の戦略Ｐｌａｎ（計画）がないとすれば、それは毎年、航海マップがない大海を、右往左往してさまようようなものです。そうであれば、この先、何年かけても、市場に向き合う戦略づくりに関するＰＤＣＡサイクルの質は高まりません。

製造現場などであれば、現場の運用に関するＰＤＣＡサイクルはイメージできるでしょう。それと同じように、自社商品・サービスを市場に適合させていくための、戦略づくりのＰＤＣＡサイクルもあるのです。どの会社も、何をどう売るかという単純な課題視点だけでなく、自社のノウハウとして、戦略づくりのノウハウを上げていくための課題に向き合う必要があります。

では経営者が、このＰＤＣＡサイクルをどのようにとらえるべきでしょうか。

おすすめは、毎年1回、しっかりと戦略プランをつくりこみ、そしてそれを、戦略方針書として明文化して定めることです。このときに間違ってはいけないことは、戦略は、会計上の数値計画や目標設定だけではないということです。

ここでいう戦略について、私どもが重視していることは、自社の商品・サービスをどうやって市場に浸透させ、売上をつくっていくか、その核となる方針と具体的なアクションが盛り込まれているか、そして、この戦略を実施することで、新規客は開拓できるのか、既存顧客は維持拡大できるのか、そういったことがイメージできる必要があります。

毎年1回、この内容を見直し、2～3年のスパンでＰＤＣＡサイクルを回すことが理想です。

あとがき

本書は、あなたの商品・サービスをまだ知らないお客様に、しっかりとその価値を魅力的に伝えていくことで、自然と顧客が増え、売上を上げてほしい、という想いで書き上げました。

そして、タイトルに付けました「スーパーブランディング」とは、普通のブランディングで終わらずに、お客様の買いたい、欲しいという気持ちをかきたてること、つまり、シズル感のあるブランディングで、しっかりと商品・サービスの売上を上げて、会社が次のステージに向けて力強く発展していくことに、当社の想いを込めて表現しました。

本書でもお伝えしてきました通り、改めて、何よりも大切なことは、使命感を持ち、商品・サービスの価値を心から伝えていきたい、もっと多くの方に喜んでほしいという強い「想い」があるかどうかです。

２００７年に中小企業専門のマーケティング会社として創業し、これまで３００社を超える経営者の「想い」を聞きながら、一緒に戦略づくりをお手伝いしてきました。

そして、本書で紹介させていただいた事例のように、しっかりとした成果を出している会社の共通点は、経営者がとても強い「想い」を持たれているということです。

ひとくちに「想い」といっても、さまざまな「想い」がありますが、特に理念を追求し、利他の精神で、世のため人のため、業界のためにお役に立とうとしている経営者の「想い」には、芯からの強さがあります。

私どもは、そのように理念を追求しながら、本物の事業を目指されている経営者にこそ、「スーパーブランディング」を実現してほしいと願っています。

なぜなら、良い「想い」を持たれている経営者の商品・サービスこそが、お客様に心から喜んでもらえることができ、より良い社会を実現できると信じているからです。

世界における日本の企業は、技術で勝って、事業で負けると評されます。残念ながら、技術で勝っても、事業で負ければ、会社は存続できません。

しかし、一歩引いて、国や歴史という視点で日本を見れば、日本は、1つの国として2000年以上にわたって続いてきた、現存する世界最古の国の1つです。これは、人を大切にする文化、調和、利他の精神といった、国の存続に必要な思想が代々受け継がれてきた結果であると思います。このような思想や国民性は、一朝一夕では築くことができない、日本ならではの「強み」と言えます。

そういった、「強み」を持つ日本人が、日本人ならではの良さを失わないためにも、そして将来を担う子どもたちのためにも、利他の精神で理念を追求する経営者にこそ、もっともっとご活躍いただき、日本経済を盛り上げていただきたいと思います。

当社のビジョンは、「日本の中小企業は、マーケティングが強い、と世界から評価される時代をつくる」です。本書が、少しでも、中小企業でご活躍される経営者の、お役に立てましたら幸いです。

株式会社ミスターマーケティング
代表コンサルタント　村松　勝

株式会社ミスターマーケティング

主に年商数千万円～50億円規模の中小企業に対して、「カテゴリーキラーづくり」の指導を行っているコンサルティング会社。過去10年間で、３００社を超える指導を行い、多くの実績を上げている。商品・サービスの「売り方」のみならず、「売る商品・サービス」そのものをカテゴリーキラー化して、市場創造の仕組みづくりを指導できることが強み。

多くの社長が願う自社独自の市場を創り出し、年商10億円はもとより、50億円、１００億円を本気で実現していく実務の指導を行い、その手厚い指導と圧倒的な成果で、全国の経営者から絶賛されている。２名体制でコンサルティングを実施しているユニークな専門機関。

〈株式会社ミスターマーケティング・指導実績例〉

【家電製造】不調商品のカテゴリーキラー化・年間数千台から10万台超に・カテゴリーキラー実現・日経MJ第一面飾るヒット商品に【健康食品】既存商品のカテゴリーキラー化で売上が30倍増・年商5億から10億円に【金型製造業】初の商品開発にて世界中で売れるヒット商品を実現・受託事業も価格競争からの脱却に成功・その後医療分野へ進出し好調・著名番組メディアで多数出演【輸入商社】大口顧客失注するもカテゴリーキラー商品投入で経営V字回復・黒字化【紙加工】下請け脱却の自社商品をカテゴリーキラー化・DIYホームセンターショー金賞受賞・売上100倍増・皇室献上【雑貨製造】販売不振からカテゴリーキラー化・初年度から3万個・2億円を売る話題の商品に【食品製造】カテゴリーキラー戦略・大口顧客開拓躍進・翌月から売上130％増【飲料水製造】売上2倍増！　デザイン本で紹介されるカテゴリーキラー商品に【歯科医院】廃業に追い込まれるもカテゴリーキラー戦略で、新規患者が8倍増・年商3倍増【洋食店】事業撤退寸前で、カテゴリーキラー転換に成功・事業継続・2ヶ月で売上2倍増【中華店】カテゴリーキラー創出・赤字経営脱却・新規客3倍増【クリニック】廃業店をカテゴリーキラー化・再起してスタッフ数は2名から20名以上に【遊戯施設】全社でカテゴリーキラー戦略に取り組み、1年で会員来店率120％増【不動産賃貸】カテゴリーキラー創出し好調・業界注目店に・メディア絶賛【鮮魚店】日経MJ掲載・カテゴリーキラー戦略・商店街活性化プロジェクト【整体院】不調店再起・カテゴリーキラー戦略立案からわずか3ヶ月で売上2倍増・新店舗展開も【WEB通販】カテゴリーキラー戦略でポジショニングを確立しブランド展開・リピート率4倍増【会計事務所】カテゴリーキラー戦略でCI変更に挑戦・人財の応募数が2倍増に【食品製造】カテゴリーキラー商品で躍進・リッツカールトン他高級ホテル続々開拓【家電製造】カテゴリーキラー戦略継続・後続品もヒット商品に・売上5倍増【食品販売】カテゴリーキラーのリピート率2倍増・年顧客単価2倍増【建材製造】新商品のカテゴリーキラー化・短期間で見込客5000件獲得・顧客単価1・4倍増【特殊化学】カテゴリーキラー化・展示会マーケティングで有効案件化率2倍増【雑貨卸売】新たにカテゴリーキラー創出・自社イベント販売体制の強化・新規客開拓3倍増【機材商社】新規事業カテゴリーキラー化・新規集客30倍以上増【財務コンサルティング】既存事業カテゴリーキラー化・展示会マーケティング新規集客10倍増・グループ会社引き合い5倍増【療育施設】新事業・カテゴリーキラー戦略で満員御礼・2年間で複数店舗展開【紙器製造業】新事業領域進出・大手企業見込客開拓の仕組み化【雑貨通販】既存店舗のカテゴリーキラー化・リピート率4倍増【食材開発】新商品・新販路開拓にて高級ホテルチェーン開拓躍進【玩具】新商品開発プロジェクト・カテゴリーキラー創出・発売前から予約完売【特殊加工】カテゴリーキラー化で新市場開拓・新規客問い合わせ5倍増　他

著者略歴

村松 勝（むらまつ　まさる）

株式会社ミスターマーケティング　代表取締役　代表コンサルタント。電通グループ企業にて、大手企業各社のダイレクトマーケティングを経験後、2007 年に株式会社ミスターマーケティングを創業。主に年商数千万円～ 50 億円規模の会社に対して、「カテゴリーキラーづくり」の指導を行っている。過去 10 年間で、300 社を超える指導を行い、新規事業にて数年で 10 億円の売上創出。不調商品を売上 10 倍増へ（3 年間で 6 億円の売上増）、初年度から 3 万個・2 億円以上売れる新商品開発、廃業寸前の店舗の事業再生（年商 2.5 倍増）等の多くの実績を上げている。

吉田 隆太（よしだ　りゅうた）

株式会社ミスターマーケティング　取締役　代表コンサルタント。株式会社ミスミにて新規事業開発、新商品開発などのマーケティングを手掛ける。退職後、株式会社ミスターマーケティングに創業メンバーとして参画。サンダーバードアメリカ国際経営大学院経営学修士（ＭＢＡ）、経済産業省 中小企業診断士。

著書『儲かる 10 億円ヒット商品をつくる！ カテゴリーキラー戦略』（セルバ出版）

本当に儲かるスーパーブランディング
自然と顧客が増える「シズル開発法」

2019年 5月 17日　初版発行

著　者　村松　勝 ©Masaru Muramatsu
　　　　吉田　隆太 ©Ryuta Yoshida

発行人　森　忠順

発行所　株式会社 セルバ出版
〒 113-0034
東京都文京区湯島 1 丁目 12 番 6 号 高関ビル 5 B
☎ 03（5812）1178　FAX 03（5812）1188
https://seluba.co.jp/

発　売　株式会社 創英社／三省堂書店
〒 101-0051
東京都千代田区神田神保町 1 丁目 1 番地
☎ 03（3291）2295　FAX 03（3292）7687

印刷・製本　モリモト印刷株式会社

Printed in JAPAN
ISBN978-4-86367-488-2